ニッポン 秘境路線バスの旅

高森町民バス 草部南部線
狭隘だらけのルートでも、
「芹口」バス停付近。圧迫感が半端でない

ジェイアールバス関東 白棚線（福島県白河市～棚倉町）
一直線のバス専用道は、かつての鉄道時代を彷彿とさせる。戦時下の金属供出で失われたレールは、戻ってくることはなかった

御津・建部コミュニティバス 鼓田線（岡山県岡山市）
離合困難、右に左にカーブを描く山道を、延々3km以上。これもれっきとした路線バス。この先に暮らす人がいるのだ

日野町営バス 平子・西明寺線（滋賀県日野町）

前半は古きよき板塀の町並みの中を抜けるが、後半は一転。森の中に分け入り、静謐なる秘境集落へ——

道北バス 銀泉台線（北海道上川町）

令和の時代になっても、砂利だらけの未舗装路を走る路線バスがあったとは。しかも全行程の半分以上というから恐るべし

阿佐海岸鉄道 阿佐東線DMV
(徳島県海陽町〜高知県室戸市)
バスがレールの上を疾走!?　四国の片隅のローカル私鉄に誕生した、日本唯一の特殊車両

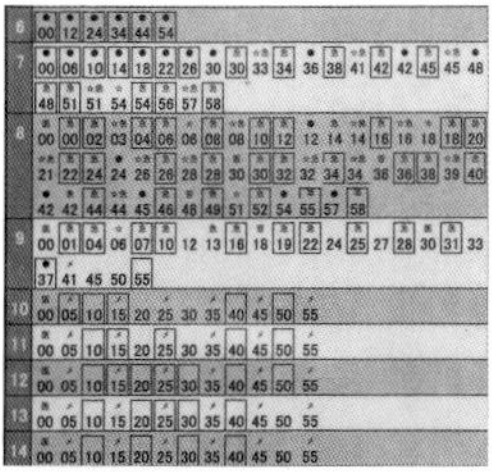

6	00 12 24 34 44 54
7	00 06 10 14 18 22 26 30 30 33 34 36 38 41 42 42 45 45 48 48 51 51 54 54 56 57 58
8	00 00 02 03 04 06 06 08 08 10 12 12 14 14 16 16 18 18 20 21 22 24 24 26 26 28 28 30 30 32 32 34 34 36 36 38 39 40 42 42 44 44 45 46 46 49 51 52 54 55 57 58
9	00 01 04 06 07 10 12 13 16 18 19 22 24 25 27 28 30 31 33 37 41 45 50 55
10	00 05 10 15 20 25 30 35 40 45 50 55
11	00 05 10 15 20 25 30 35 40 45 50 55
12	00 05 10 15 20 25 30 35 40 45 50 55
13	00 05 10 15 20 25 30 35 40 45 50 55
14	00 05 10 15 20 25 30 35 40 45 50 55

京成バス 幕01・03・04系統（千葉県千葉市）
1台で倍近くの旅客を運ぶ連接バスは、通勤ラッシュの激しいエリアの救世主だ

西武観光バス 三峯神社線（埼玉県秩父市）

巨大ダムの堰堤上、カートコースのように両脇をコンクリート壁で塞がれた、片側交互通行路を大型バスが走り抜ける

四国交通 阿波池田バスターミナル発のバス（徳島県三好市）

アーケード下を、自家用車だけでなくバスまで。四国の内陸にあるとある町では、これがごく日常の風景だ

臼津交通
津久見駅〜楠屋線
（大分県津久見市）

セメント工場のど真ん中をバスが縦断。企業城下町だけあって、バス停名も個性的

ニッポン
秘境路線バスの旅

驚きの酷道ルート＆ご当地ルールの不思議

風来堂

FURAIDO

交通新聞社新書 162

はじめに

あらゆる公共交通手段の中で、もっともバラエティに富んでいるのは「路線バス」といって間違いない。地域密着型の交通手段ということで、土地〳〵の事情や地理的特性に応じて、そのタイプは実に様々だ。

この本を手にとったあなたの地域では、バスは前乗りだろうか、それとも後乗りだろうか。整理券は感熱紙タイプか、昔ながらのインクでプリントされるタイプか。行き先表示は、シート状の「方向幕」か、ＬＥＤ電光表示か。行き先は、系統別に番号や略称になっているか否か。普段から乗り慣れている「地元の路線バス」の常識が、実は他の地域ではまったく通用しない、ということも多い。

鉄道のようにレールや駅という制約もないため、フレキシブルに変化し続けられるのも、路線バスの特徴だ。たとえば運行経路。新たな道路ができたり、駅前再開発による変更は珍しくない。バス停も新たにできたり、廃止になったり、同じバス停名のまま位置が移動することだってある。この「得体のしれなさ」「つかみどころのなさ」もまた、路線バスの面白さのひとつといえるだろう。

本書でとりあげる「秘境路線バス」の「秘境」とは、必ずしも地理的な秘境、辺境を指すものばかりではない。地域密着型の公共交通として、それぞれ独自に発展してきた全国の路線バスのうち、他にない特徴を備えている路線であれば、その範疇《はんちゅう》に含めている。東京都23区を走る路線も、「秘境路線バス」として紹介しているのは、そういうわけだ。

ただし、コミュニティバスやデマンドバスに多い、ハイエースなど非バス専用車両を用いた路線については、本書では取り扱っていない。小型のマイクロバスであっても、あくまでバス専用車両に限定している。

第1章のテーマは「鉄道転換バス」。かつて鉄道が走っていた時代と、バスが代替するようになってからと、複眼的に路線を見てゆく。第2章では「狭隘《きょうあい》」、第3章では「悪路」がテーマ。これらは写真映えもするし、乗車しても楽しい。「なぜそんな道をバスが?」と、驚くこと請け合いだ。第4章は「長大」。日本中に高速道路網がこれだけ整備された中でも、一般道のみで長距離をつなぐバスルートがまだまだ現役で生き残っている。第5章は「変わり種」。これらのどのカテゴリーにも収まらないが、他にはないキャラクターの、いわば

「オンリーワン」の路線を紹介している。

路線バスは、地域密着型の公共交通。ということは、その地域の土地柄や、歴史を知る手がかりにもなる。

乗降客の利便性を考え、新しいバイパスができても旧道沿いを走ったり、一つひとつ小さな集落に丁寧に寄り道したり。路線バスがとるルートには、一見、謎めいていたとしてもそうなった事情がきちんとある。

行政上はなくなってしまった地名も、バス停名にはきちんと残っている。「○○谷」「○○窪」といった風に、地形的な特徴を示していたり、「○○宿」「○○市場」など、かつてのその場所の役割だったり。バス停名は、地理や歴史好きならイマジネーションの手がかりとなるキーワードの宝庫だ。


本書を読んで興味の湧いた路線があれば、ぜひ現地まで足を運び、いずれ劣らぬ個性派に乗車してみてほしい。ただし、運行本数が極めて少ない路線も多い。特に土日や祝日は要注意だ。くれぐれも、帰りの最終便の確認は怠りなく——。

ニッポン秘境路線バスの旅 さくいん地図

※各路線の位置はおおよそのものです。

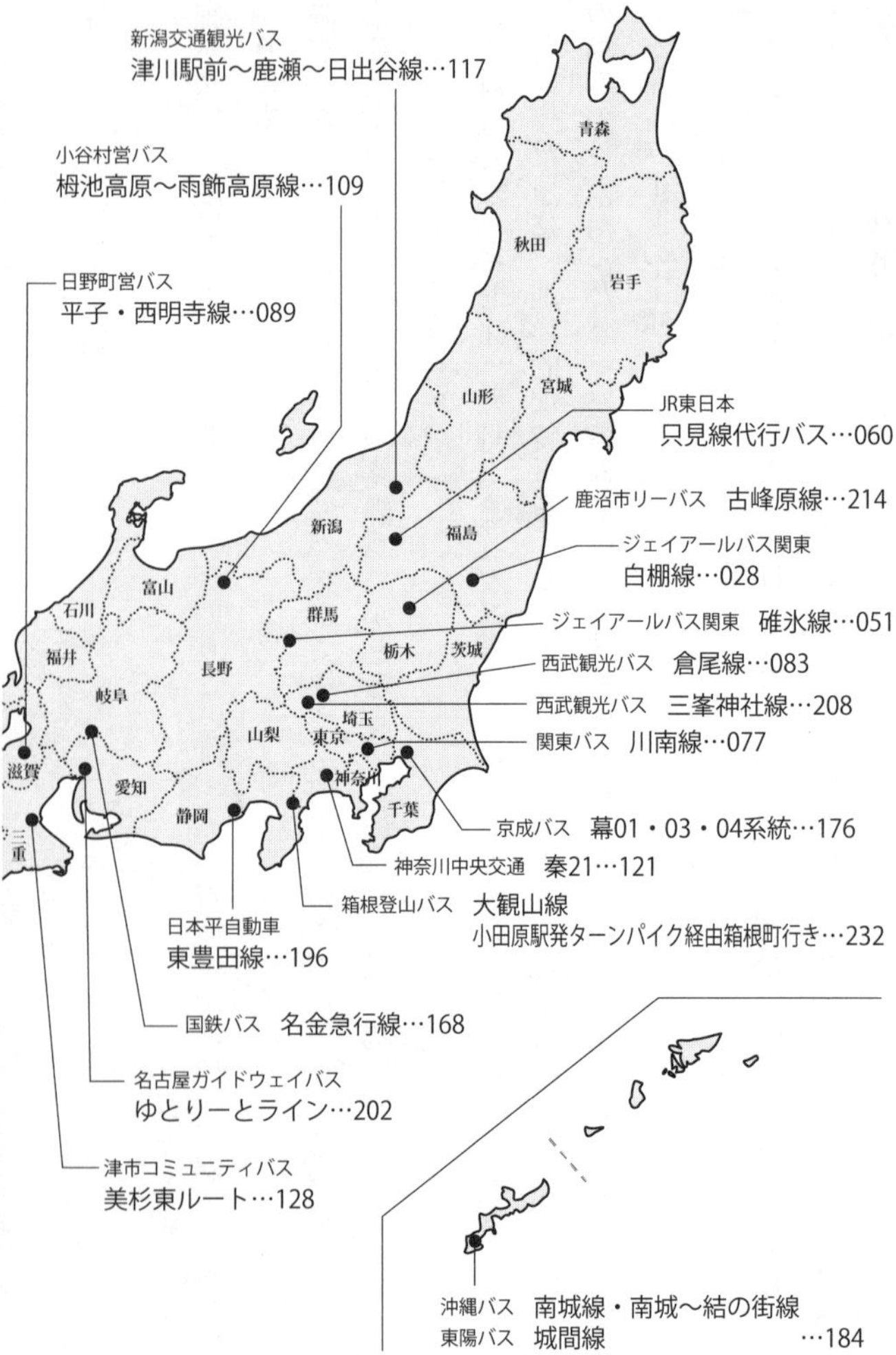

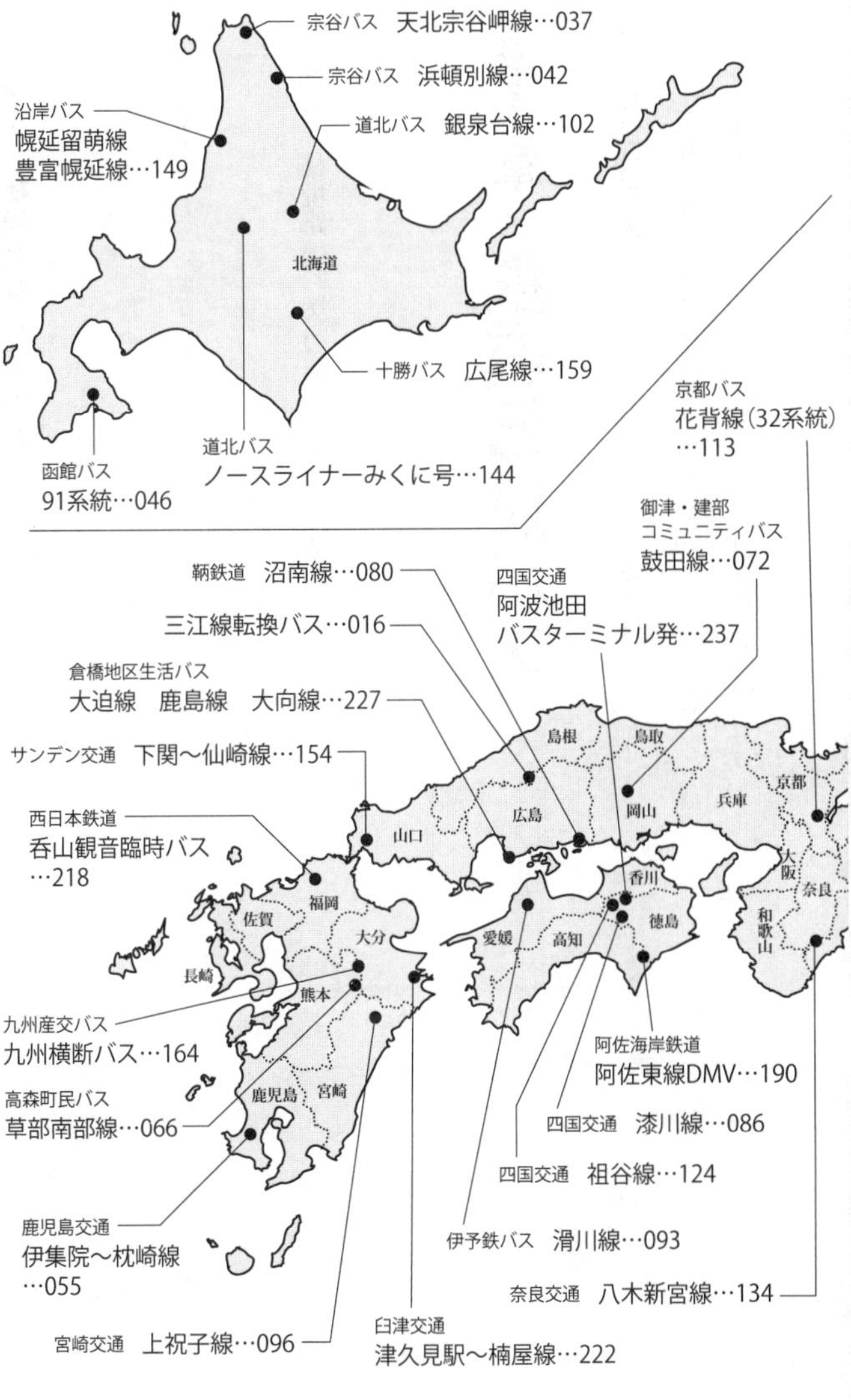

宗谷バス　天北宗谷岬線…037
宗谷バス　浜頓別線…042
沿岸バス
幌延留萌線
豊富幌延線…149
道北バス　銀泉台線…102
北海道
十勝バス　広尾線…159
函館バス
91系統…046
道北バス
ノースライナーみくに号…144
京都バス
花背線（32系統）
…113
御津・建部
コミュニティバス
鼓田線…072
鞆鉄道　沼南線…080
四国交通
阿波池田
バスターミナル発…237
三江線転換バス…016
倉橋地区生活バス
大迫線　鹿島線　大向線…227
サンデン交通　下関〜仙崎線…154
西日本鉄道
呑山観音臨時バス
…218
島根
鳥取
京都
広島
岡山
兵庫
山口
大阪
香川
奈良
福岡
佐賀
愛媛
高知
徳島
和歌山
大分
長崎
熊本
鹿児島
宮崎
九州産交バス
九州横断バス…164
高森町民バス
草部南部線…066
阿佐海岸鉄道
阿佐東線DMV…190
四国交通　漆川線…086
四国交通　祖谷線…124
伊予鉄バス　滑川線…093
鹿児島交通
伊集院〜枕崎線
…055
奈良交通　八木新宮線…134
臼津交通
津久見駅〜楠屋線…222
宮崎交通　上祝子線…096

ニッポン秘境路線バスの旅——目次

第4章 長大

第5章 変わり種

●写真提供

阿佐海岸鉄道（P.191、195）／石川大輔（P.112、120）／NPO法人 江の川鐵道（P.18、19、22）／沖浜貴彦（P.71右、P.221）／沖縄バス・奥原崇達（P.185）／かとうちあき（P.163）／上士幌町観光協会（P.147）／ジェイアールバス関東（P.54）／菅生達也（P.215、217）／須田浩司（P.152）／武田康弘（P.82）／旅音・林澄里（P.73、P75）／徳重隼也（P.58）／南陀楼綾繁（P.157）／函館市産業建設課（P.49）／ハンズマン田中（P.97、167）／北海観光節（P.38、45、47）／保田明恵（P.116、136、137、139）／渡部誠吾（P.131）

●執筆

青柳智規／今田 壮／加藤桐子／上村一真／平野貴大

※本書掲載の各路線の地図には、国土地理院の「地理院地図（電子国土Web）」を用いています
※地図上の縮尺はおおまかな目安です
※本書掲載のデータは、特記ない限り、2022（令和4）年6月現在のものです

第1章

鉄道転換バス

長大ローカル線が２０１８年に廃線に

三江線転換バス

石見交通　江津川本線／大和観光　川本美郷線／備北交通　作木線／君田交通　川の駅三次線

【島根県江津市〜広島県三次市】

DATA

●総距離（片道）　39km（江津川本線）／26km（川本美郷線）／41km（作木線）／22・4km（川の駅三次線）

●所要時間（片道）　1時間31分（江津川本線）／1時間8分（川本美郷線）／1時間20分（作木線）／35分（川の駅三次線）

島根県中山間地域から西部へ向けて流れる江《ごう》の川《かわ》。蛇行しながら県内西部を縦貫する川を遡《さかのぼ》ると、県境を越え、広島県北の中心都市・三次《みよし》へと至る。この江の川に沿って江津《ごうつ》〜三次間を結んでいた鉄道が、ＪＲ三江《さんこう》線である。総延長は１０８・１キロの路線だったが、利用者の減少に歯止めがかからず、２０１５（平成27）年10月、ＪＲ西日本から沿線自治体へ廃止を打診。２０１８（平成30）年３月31日で営業運行を終え、廃止となった。

この三江線は江の川の河口から順に、江津市、川本町、美郷《みさと》町、邑南《おうなん》町、三次市、安芸高田市を経由していた。起点の江津市は江の川の河口に広がる石見地方の中心都市の一つで、江戸期には北前船が寄港する物流の拠点だった。川本町は、かつて江の川の水運と、石見銀山の玄関口として栄えた町。終点の三次市は広島県の中山間部の盆地に位置し、江の川のほか大きな河川が合流する、交通の要衝だった町である。

〝悲願〟の鉄道は開通当初から〝悲運〟の路線だった

これらの市町を結ぶ三江線の建設計画が持ち上がったのは、1897（明治30）年のことだ。石見地方の山間部で産出される木材や、米や鉄などの水運を近代化することを目的とした、歴史の古い鉄道である。建設工事は1926（大正15）年に江津から始まり、1936（昭和11）年には三次からも着工した。途中、戦争やダム計画で工事は中断。最後に残った浜原〜口羽《くちば》間は1975（昭和50）年に開通と、全通に50年もかかったのは山深い中国山地と、急峻な箇所もある江の川の流れに沿った難工事ゆえである。

しかし、全通したころには、沿線の環境が構想時から大きく変化しており、当初から三江線にはいくつもの難題が立ちはだかることになる。一つは沿線人口の減少で、1963（昭和38）年の雪害「三八豪雪」などがきっかけで、中山間部の過疎化・高齢化が進行した。もう一つは交通や物流の変化で、道路整備の進行やマイカー普及により、移動手段が

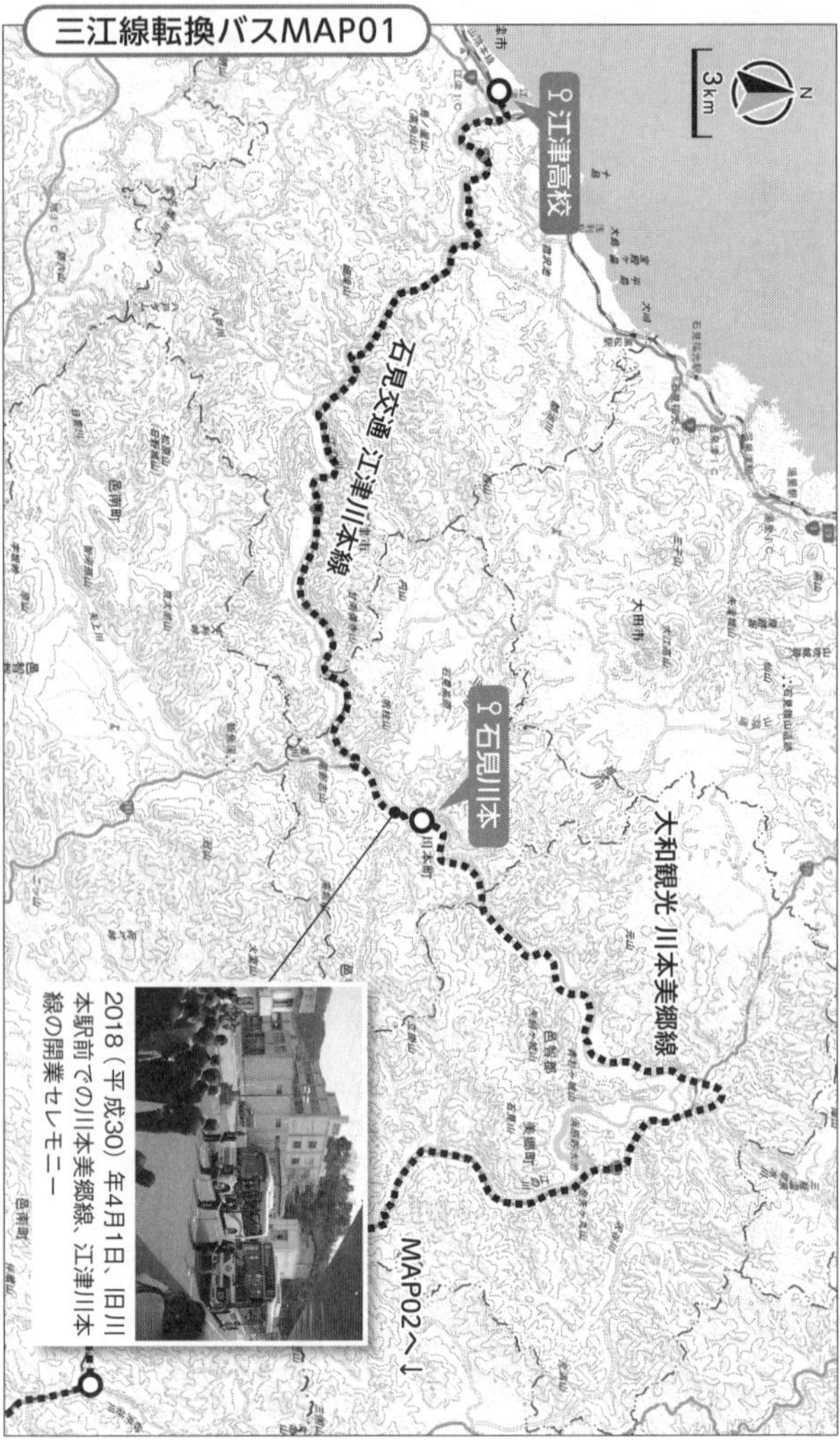

2018（平成30）年4月1日、旧川本駅前での川本美郷線、江津川本線の開業セレモニー

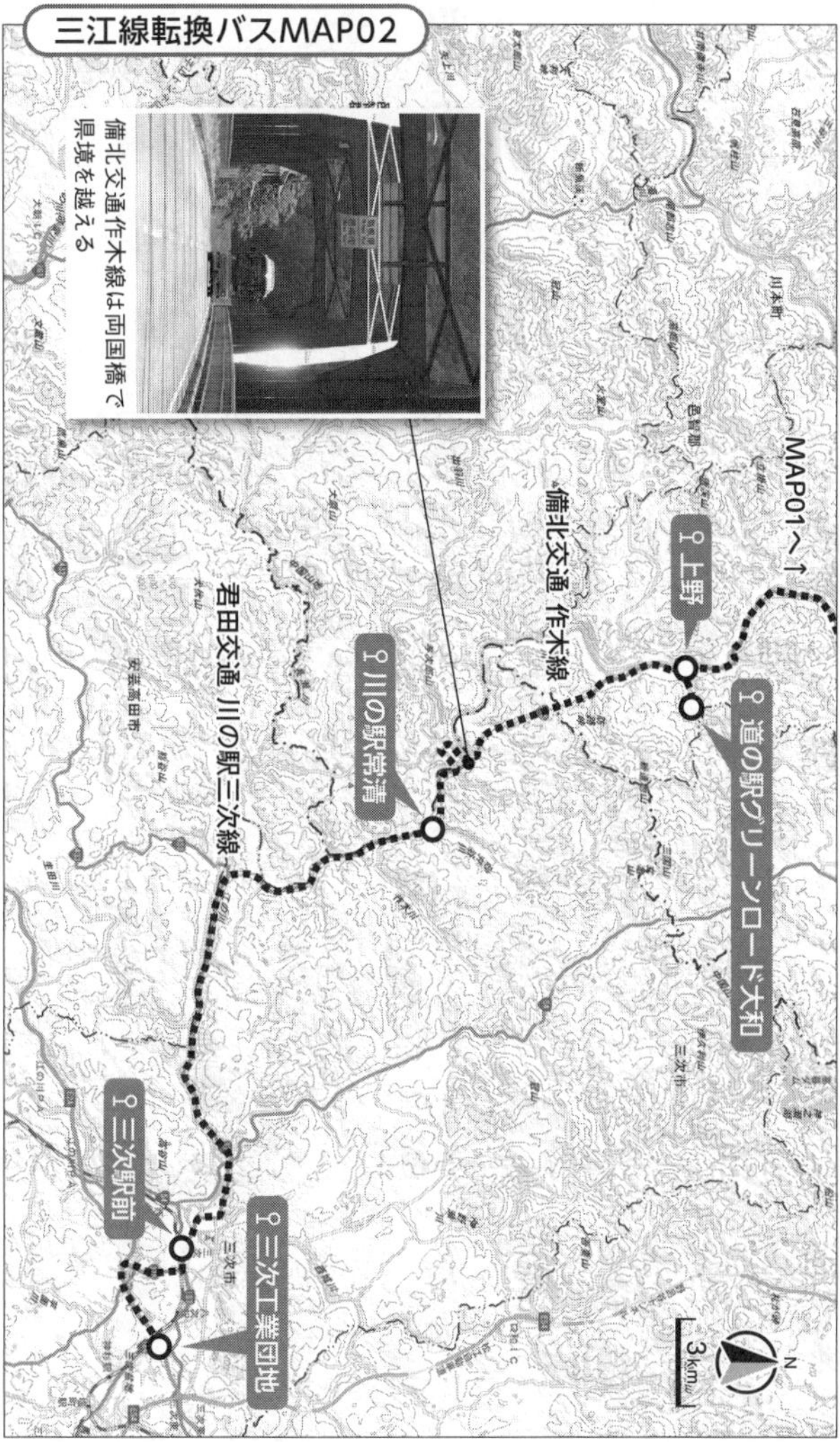
三江線転換バスMAP02
備北交通作木線は両国橋で県境を越える
MAP01へ↑
上野
道の駅グリーンロード大和
備北交通 作木線
川の駅常清
君田交通 川の駅三次線
三次駅前
三次工業団地
N
3km

鉄道から車が主となっていく。これらにより三江線の利用者数は、全通以降減少の一途をたどっていった。

さらに、災害の影響による運休期間が、長くなりがちだったことも拍車をかけた。２００６（平成18）年7月豪雨と２０１３（平成25）年8月の島根県西部豪雨による土砂災害では、全線復旧するまで1年近くを要し、長期運休に加え、都度の復旧コストがかさむことも運行の継続に重くのしかかることになった。

四つの路線でつなぐ鉄道転換バスの時代へ

２０１５（平成27）年からの三江線の廃止に関する協議に合わせ、地域の交通事業者による転換バス路線のルートや便数の協議が進み、２０１８（平成30）年3月に「三江線沿線地域公共交通再編実施計画」が国土交通省中国運輸局により認定。当初、三江線の廃止により再編された転換バス路線は14路線で、既存の路線を更新したり延長したり、かつて運行していた路線を復活させるなどして整備された。

この再編実施計画に基づいたバスの運行は、２０１７（平成29）年10月から5年半、

２０２３（令和５）年３月まで実施される。計画では、国と県の補助とＪＲ西日本の支援金により、７年間は沿線６市町の負担なしで運行できるが、以降の存続は沿線の市町による、利用促進への努力にもかかっている。

三江線の廃止に伴う代替輸送を念頭に整備された転換バスは、旧三江線の沿線をたどる形で、江津～三次を四つの路線で結んでいる。原則として、地元客の利用を念頭に置いたダイヤ設定だが、土曜休日は観光利用を意識し、江津～三次を接続を考慮して、乗り継ぎ２～４回で乗り通せるダイヤが設定されている。転換バス４路線を乗り継ぐと、鉄道での所要時間は４～５時間だったのに対し、乗り継ぎの時間を合わせて５～10時間となる。

江の川の流れと廃線跡に沿って中山間部へ分け入る

石見交通江津川本線は、三江線の江津～石見川本間の転換バスで、江津への通院・通学・買い物、石見川本への通学の利用が主の路線。バス転換時に江津側の起点を、江津駅から市街へ入った「済生会病院」（朝夕は「江津高校前」）としたため、通院など地元客の利便性が高まった。主に江の川右岸の国道２６１号を走り、三江線跡はほとんど対岸とな

かつての口羽駅のそばにある三江線全通記念碑

るため、そばに橋がある旧駅のみを経由。寄れない旧駅へは、江津市生活バスの路線が別途補完している。

バスは江津駅周辺の市街を後に、国道9号の江川橋で対岸へと渡る。河口付近に架かる郷川鉄橋は、山陰本線最長かつ江の川最古の鉄橋で、国道261号には1階が市道と歩道、2階が国道9号バイパスという、2層構造の新江川橋も架かる。

江の川は「川平」までは蛇行を繰り返し、対岸に三江線跡が続く。赤褐色の石州瓦の家が点在する桜江地区は、この地方の郷土芸能である石見神楽の古形とされる、大元《おおもと》神楽の伝承地。「川戸」の駅舎は地元により保存活用されていて、高齢者の交流施設として利用されている。三江線の鉄道施設は今後は原則、原状復帰のために撤去されるが、こうした地元の働きかけにより、駅舎などが保存活用されている例がいくつか見られる。

「川越」が最寄りの川越地区は、旧三江線の沿線の中で豪雨による被害が比較的多い地区。沿道には河川の改修による、高い堤防が並行している。三江線もたびたび被害を受けた区間で、かつての石見川越駅舎には１９７２（昭和47）年７月12日洪水の水位が示されている。

終点の「石見川本」は広い構内を有したかつての三江線の主要駅で、バスの待合室として利用されている駅舎のほか、不定期で構内の線路に足こぎ式原動機付きのレールバイクを走らせるイベントも行われている。

大和観光川本美郷線は、石見川本から美郷町の中心である粕淵《かすぶち》・浜原を経由、広島県境の美郷町大和地区へと至る転換路線。川本町へ出る地元客の利用が主で、島根中央高校や加藤病院への通学・通勤のほか、美郷町内の移動にも使われている。

「石見川本」付近には、石州瓦の赤瓦の建物や細い路地が錯綜し、かつての宿場町を彷《ほう》彿《ふつ》とさせる。戦国時代に小笠原氏の寺だった古刹の仙岩寺がある仙岩寺山、川沿いの岩の上に２本の木が立つ明神岩、広島の宮島から勧請した水運安全の厳島神社など、町を出てしばらくの間も、沿道に史跡が点在している。「吾郷《あごう》大橋」までは県道40号を三江線跡にほぼ寄り添って走り、町境を過ぎると片側交互通行の箇所など、狭隘区間が続く。吾郷大橋で江の川を渡ってからは、別名「石見富士」とも呼ばれる三瓶《さんべ》山を望める。

粕淵にはかつて石見銀山街道が通っていて、小原宿が置かれ本陣跡や老舗旅館の亀遊亭など、宿場町のたたずまいが残る。「粕淵駅」には駅舎が現存しており、鉄道橋に歩道が併設された駅の近くの第一江川橋梁など、廃線跡の遺構が多い。やや先の廃線そばに残る、線路が堤防を貫く箇所に設けられた大扉は陸閘門《りくこうもん》で、水害の恐れがあるときに閉鎖して線路への浸水を防ぐ施設だったが、廃線後は不要となり閉じられている。

「浜原駅前」を過ぎると三江線跡と一旦離れ、国道375号の二つのトンネルでショートカットする。摘坂トンネルを抜けると江の川の流れが国道に沿い、中国電力潮発電所付近ではこの路線で最も江の川に近づく。旧駅最寄りの「潮」付近の桜のトンネルは、界隈でサクラの名所として有名だ。

旧宇都井駅。ホームまでの階段は116段

経由できない駅跡をフォローする補完路線も存在

　備北交通作木線は、島根県美郷町南部から広島県三次市作木町を経由し、三次市街の中心部を結ぶ路線。かつては三次～都賀《つが》大橋の運行だったが「グリーンロード大和」まで延長され、ルートも都賀の集落を通るコースから国道375号経由に変更されて、三江線の転換路線となった。

　三江線で最後に開業した浜原～口羽は、鉄建公団が建設した高規格路線で、高架やトンネルで短絡して線路が敷かれていた。旧石見都賀駅付近では高架橋や築堤上の駅など、ほかの区間より立派な鉄道施設の跡が残っている。

転換バスが走る国道375号も、トンネルなど随所で近年に整備がなされた道路だ。バスは「都賀上野」で三江線跡と離れ、両国トンネルで口羽方面へ短絡。2006（平成18）年にこのトンネルが開通して以来、美郷町南部から三次方面へは三江線経由より早くなった一方、三江線の不便さが浮き彫りになったともいわれている。

江の川に沿う三江線跡も、この先トンネルが断続的に続く。対岸のトンネルの合間の谷合には旧・宇都井《うづい》駅がある。階段で地上20メートルのホームまで上る構造も、高架線となった高規格線ならではだ。地上からの高さが日本一だったことから、「天空の駅」との愛称もついている。現在、転換バスは経由しておらず、訪れる場合はこの先の口羽市街からタクシーの利用となる。

バスは国道からやや離れた三江線跡沿いの旧駅を、都度、経由して運行。付近は江の川が県境を流れているため、広島県と島根県を頻繁に行き来する。島根県側の口羽は、江の川支流の出羽川沿いの、宿場町風情が残る町だ。

作木線は「川の駅常清（港別）」の先は三江線跡から離れて、県道62号（庄原作木線）に入り国道54号を経由してゆく。そのため君田交通川の駅三次線は、このバス停から先の三江線跡をたどる転換バスとして設けられた路線である。この地域は道路整備が遅かったため、バス路線もそれほど整備されておらず、かつては三次へは作木線のバスで、江の川沿いは三江線の列車で、利用者が棲み分けられていた。

川の駅三次線のバスは、「川の駅常清（港別）」から、さらに国道３７５号を運行する。付近は江の川が大きく蛇行していて、三江線も合わせて大回りしたり、川を渡ったりを繰り返して敷設されていた。旧・作木口駅は地元が保存活用しており、駅舎や踏切の遺構が残る。しばらくの間、三江線跡は対岸となり、いずれの旧駅へもバスが渡れる橋がなく経由できないため、三次駅から旧・式敷駅までは織田産業・芸北タクシーが、転換バス式敷三次線を運行している。

唐香の先には吊り橋の唐香橋、レンガ造りの江の川発電所の跡、中国電力が設けた江の川取水ダムなど、河川にさまざまな構造物が続く。ダムの先には、便数の少なかった三江線でも通過列車があった秘境駅、旧・長谷《ながたに》駅のホームが残っている。

尾関大橋を渡り、尾関山へ向かう三江線跡の鉄橋を見下ろして寿橋で江の川を最後に渡ると、市街へと入り、転換バスの旅の終点となる「三次駅前」へと到着する。

戦時供出でレールを失い、戦後バス化

ジェイアールバス関東　白棚線

【福島県白河市～棚倉町】

DATA

●開設年　1957（昭和32）年
●総距離（片道）　約30.8km
●所要時間（片道）　約1時間

ジェイアールバス関東が運行する白棚線《はくほう》は、私鉄「白棚鉄道」の廃線跡を走る鉄道代替バスである。

路線バス白棚線の前身である白棚鉄道が開業したのは1916（大正5）年のこと。東北本線の白河駅から棚倉《たなぐら》町までを結ぶ目的で開業した。白河と棚倉の間にあった旧金山村には金鉱脈や石炭鉱脈があり、鉱山経営者らが中心となって鉄道事業を推進したようだ。また、途中の梁森《やなもり》駅では、近隣の白河炭坑につながる専用線も分岐していたとされる。

棚倉には今でこそ、茨城県水戸市と福島県郡山市間をつなぐ水郡《すいぐん》線が通っているが、棚倉まで水郡線が延伸されたのは1932（昭和7）年になってからだ。白棚鉄道は、棚倉に最も早く乗り入れた鉄道だった。白棚鉄道の経営は開業当初から絶好調で、旅客・貨物とも増加の一途。第一次世界大戦の特需で好景気の最中にあったことも後押しとなったようだ。

戦時供出でレールを失い事実上の廃線に

ところが、第一次世界大戦終戦後の不景気で白棚鉄道の経営に影が差す。周辺鉱山の生産力に衰えが見え、地域を支えた産物が失われたことも打撃となった。さらに、大正末期になると乗り合いバスの運行が始まり、白棚鉄道の客をじわじわと奪っていった。そして、白棚鉄道の不採算を決定的としたのが、先述した水郡線の棚倉乗り入れだ。旅客や物資輸送は水郡線が主となり、主力路線の座を追われた白棚鉄道は経営継続が困難となったのである。

その後、鉄道省が１９３８（昭和13）年から3年間の借入営業期間を経て正式買収を決め、白棚鉄道から国鉄白棚線と名を改め、１９４１（昭和16）年に再スタートを切る。ところが、存続のめどが立った矢先、太平洋戦争の勃発で再び窮地に追い込まれた。戦争の激化に伴い、白棚線は不要不急路線との判断を受け、１９４４（昭和19）年12月に休止が決定した。鉄を供出する目的からレールなどの鉄道設備が撤去され、休止とはいえ事実上の廃止となった。ちなみに、鉄道休止後は、旅客輸送手段として木炭バスが代替運行していたようだ。

鉄道跡転用の専用道で東名バスの試験運行も

太平洋戦争終結後も、収益性が期待できないとの判断から、鉄道としての復活は断念された。しかし、1957（昭和32）年に鉄道敷地はバス専用道へと転用され、白棚線はバス路線として生まれ変わる。

当時のバス路線名は「国鉄自動車専用道白棚高速線」。白河〜棚倉間を約40分で結び、所要時間は鉄道時代に比べて約15分も短縮したといわれる。並行して走る国道は大部分が未舗装のため、雨天時はぬかるみなどで走行が困難になる場合もあり、舗装されたバス専用道が必要とされたことも、開通の背景にあった。同線の最盛期は昭和40年代で、年間250万人もの利用者がいた。通勤・通学など生活路線として重宝され、停車バス停を限定した急行バスもあった。

同線が、1969（昭和44）年に東名高速バスが開業するまで、日本唯一の高速バス路線であったことも忘れてはならない。

東名道や名神道を走る高速バスの試験運転も、白棚線のバス専用道で実施されたという。1964（昭和39）年の東京オリンピック開催を見据えた高速道路開通に合わせ、国

専用道を走ってバスは「梁森」バス停へやってくる

鉄が計画した高速バスの試験が、白棚線のバス専用道で行われたのだ。

このように、日本の交通史上でも稀有な存在である白棚線だが、国道２８９号の拡張整備が進むとともに専用道は少なくなり、国道が運行ルートの大部分を占めるようになった。専用道が市に買収されて市道に転用されたケースもある。しかし、専用道を走行する区間は今でも数カ所あり、バスに乗っていると当時の名残を感じることができる。

ただ、運用されている専用道はいずれも白河市側。磐城《いわき》棚倉駅近隣から「金沢内」バス停付近にかけての棚倉町内の専用区間約３キロは、１９９７（平成９）年に廃止された。また、同年には表郷《おもてごう》村（現・白河市）の専用道も国道のバイパスに転用。これにより、白棚線全線に占める専用道の割合は30％程度に減少した。

現在の白棚線の運行距離は約25キロだが、そのうちの専用道は「関辺」バス停から「松上」バス停辺りまでの約5・5キロと、「表郷庁舎前」バス停から「高木」バス停までの約2キロの2区間のみだ。棚倉町内にあった専用道は車両通行不可となり、一般車両が誤って進入しないようガードレールで塞がれている。

役目を終えた棚倉町内の専用道は、時が止まったように昔の面影を今に伝えている。旧国鉄の境界杭や、「国鉄バス」の記載がある視認誘導設備が残っているほか、廃屋となったバス停留所もまだ確認できる。また、もう車両は通らない道路にも関わらず、「制限速度45km／h」の標識が錆びつきボロボロになりながら立っている。場所によっては、積もった土や枯れ葉の上に倒木が横たわり、沿道の木々が枝を伸ばし、さながらジャングルのような区間もあるのだ。

鉄道時代を彷彿《ほうふつ》とさせる専用道の乗り心地

白棚鉄道時代からの歴史を予習して白棚線に乗り込むと、バス専用道の特徴がよく実感

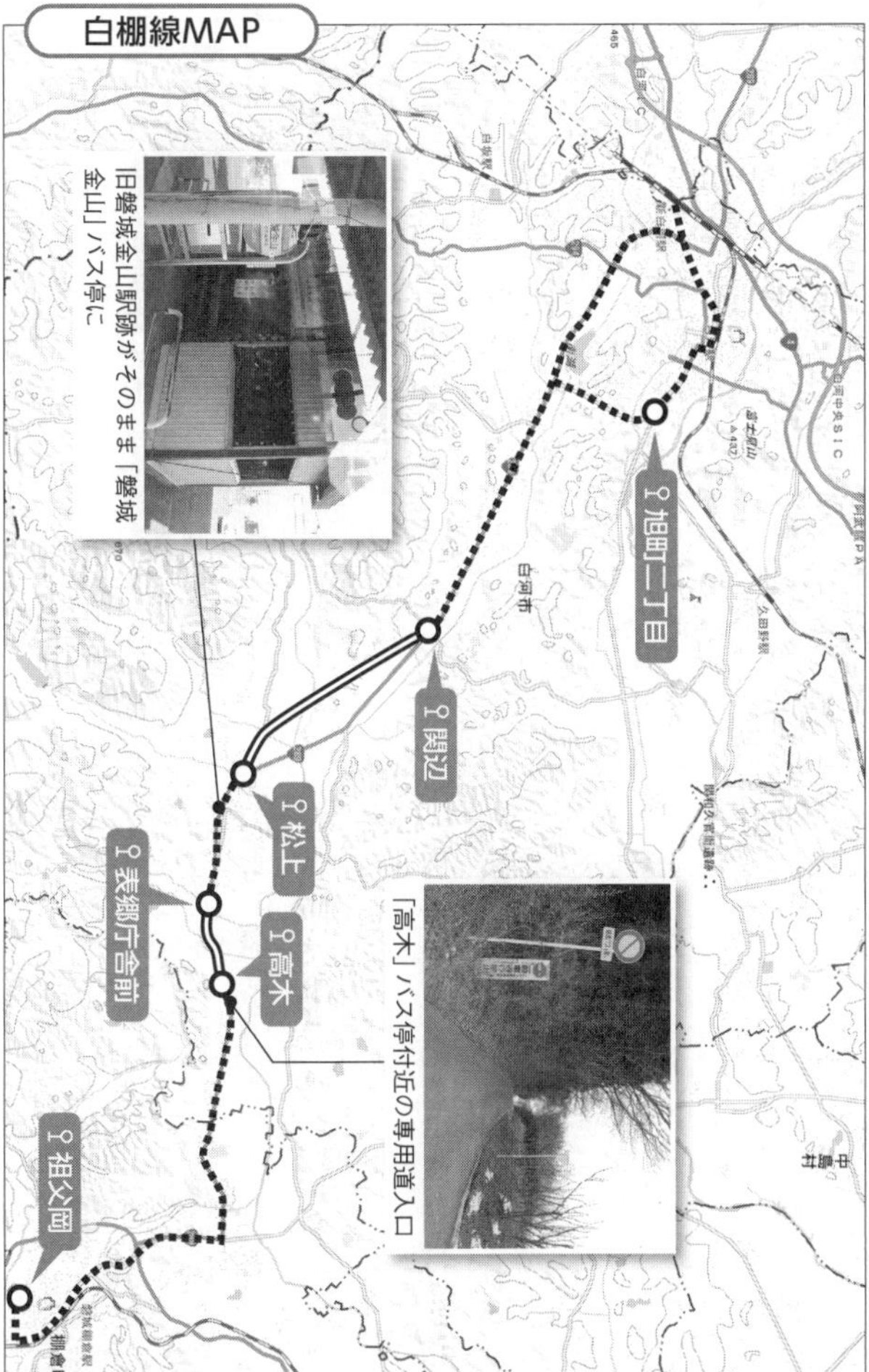
白棚線MAP
旧磐城金山駅跡がそのまま「磐城金山」バス停に
「高木」バス停付近の専用道入口
旭町二丁目
関辺
松上
表郷庁舎前
高木
祖父岡
白河市
1km
N

できる。

白棚線上り便は白河駅前の小さなロータリーを始点とする。市街地を走行し、新幹線も停車する新白河駅を経由して郊外に向かう。

徳川八代将軍・徳川吉宗の孫である松平定信が1801（寛政13）年に造成した南湖《なんこ》公園を左手に見ながら進むと、標高619メートルの関山が見えてくる。ここで、バスは国道289号の右にある側道に進入。「関辺」バス停から「松上」バス停までが白棚線上りの最初のバス専用区間だ。

一般道とバス専用道は一見、見分けがつかない。しかし、専用道の起点には、路線バスを除いて、進入禁止を示す標識が立っている。専用道のため一般対向車とすれ違う心配はなく、道幅は完全1車線。そして直進的だ。狭い道幅も直進的なルートも、鉄道敷地跡を転用したことによる特徴といえるだろう。専用道内には用水路をまたぐ区間もあるが、両脇にガードレールが設置されていないこともある。専用道は人も歩行禁止のため、ガードレールが不要ということかもしれない。

一般道との交差点では、一般車通行禁止の標識に加えて、車両進入を防ぐ看板も立てられている念の入れようだ。ぱっと見では専用道とわからないため、くどいように注意が促されている。交差点はバスの走行が優先されているため、交差点では一般道側が一時停止をする。ただし、県道２８０号中野番沢線との交差点では、県道が優先となっており、バスが一時停止をする。

専用道区間が終わると、国道２８９号に再合流。その後、「表郷庁舎前」バス停で再び専用道となる。専用道と国道を交互に走行するのが、白棚線の中盤ルートなのだ。

２カ所ある専用道の周辺はいずれも、工場地帯であったり民家が並んでいたりと、地域生活圏と隣接している。そのため、散歩中の歩行者などと出くわすこともありそうだ。対向車がないとわかっているのに「警笛鳴らせ」の道路標識があるのは、近隣住民への注意喚起のためかもしれない。

白棚線の専用道は通過時間が２カ所合わせてもせいぜい10分程度しかない。しかし、短時間でも味わえる雰囲気は実に独特。直線と緩いカーブで構成された専用道を走っていると、鉄道車両に乗っているような錯覚に陥ることだろう。

鉄道時代の名残は、バス停にも見て取れる。残念ながら、旧鉄道駅や国鉄時代の停留場がそのまま使用されている箇所はないが、ルート上の多くのバス停が旧時代と同じ場所に設置されている。専用道外の国道２８９号に置かれたバス停でも、「金沢内」や「三森」、

「磐城金山」といったバス停が当時と同じ位置でバスを待っているのだ。

また、バス停の多くは待合所が設けられており、特に専用道内では、バス停というより小さな鉄道駅といった雰囲気が漂う。専用道外でも、「磐城金山」はまるで鉄道駅のように立派な停留場標が掲げられている。かつての磐城金山は自動車駅との位置づけで駅員が配置され、窓口業務が行われていた。旅客だけでなく荷物の取り扱いもあった、路線内の重要な駅だったのだ。

いくつものバス停を経由して棚倉町に入ったバスは県道25号を通り、水郡線磐城棚倉駅に向かう。磐城棚倉駅では小さな駅舎の真ん前に乗りつけるのだ。

白棚線は便によって、磐城棚倉駅の先まで運行する。棚倉町内を走り、久慈川のそばにある「祖父岡」を終点とする便だ。「祖父岡」周辺は閑散とし、折り返し便との接続も極めて悪いが、20分も歩けば磐城棚倉駅まで戻って来ることができる。

白棚線は専用道を走る個性派路線バスであるのと同時に、白河〜棚倉間の貴重な地域間輸送手段だ。しかし、年間輸送人員は、２０１０年代には年間30万人台にまで落ち込んでしまっており、地域住民の利用頻度が低下しているのも事実だ。

旧駅が資料館＆バス休憩所に
宗谷バス　天北宗谷岬線
［北海道音威子府村～稚内市］

DATA
●開設年　１９８９（平成元）年
●総距離（片道）　１７１・７㎞
●所要時間（片道）　４時間

宗谷バスが運行する天北宗谷岬線は、北海道最北端を走る総距離１７１・７キロの長大路線だ。音威子府《おといねっぷ》村と稚内市を結んでおり、始発から終点まで所要時間は実に４時間。高速バス並みの距離と時間を誇る路線バスだ。

現在では、行政補助により運行する「地方路線バス」となっているが、もともとは鉄道転換バスであった。

宗谷バスが天北宗谷岬線として受け継いだ元鉄道路線というのが、ＪＲ天北線だ。

天北線の歴史は古く、路網整備の着工は明治末期にまで遡る。１９１２（大正元）年には一部路線が開通し、その後、大正期にかけて徐々に開通区間を伸ばした。路線名が天北線に定まったのは１９６１（昭和36）年。だが、昭和後期に入ると全国的な国鉄合理化の動きに合わせて、貨物取り扱いの停止や営業区間の縮小が相次ぐ。１９８７（昭和62）年

国鉄時代に思いを馳せられる「天北線資料室」

には国鉄民営化により、JR天北線となったが、その翌年には鉄道からバスへの転換が正式に決まってしまう。1989（平成元）年4月に天北線は廃線。廃止翌日から宗谷バスによる代替輸送が始まったのである。

旧国鉄の廃止路線としては最長の営業距離であった天北線は、廃止時点まで急行「天北」が運行されていたが、ほかの鉄道事業者が運営を引き継ぐことはなかった。

経由地のターミナルごとに旧時代の展示室

音威子府の交通ターミナルでもある現在のJR音威子府駅には、「天北線資料室」が併設されている。そこでは、天北線にまつわる写真や品物、昭和中期の音威子府駅を再現した精巧なジオラマなどが豊富に展示されており、ＪＲ宗谷本線を含む貴重な鉄道資料が揃っているのだ。

そして、この資料室がある音威子府駅は、天北宗谷岬線の音威子府側の始発・終着点でもある。つまり、バスの待ち時間あるいは稚内側からの到着後に資料室を見学することも可能なのだ。

現在の天北宗谷岬線は、音威子府〜稚内の最長距離運行便としては1日1往復のみだ。途中の「鬼志別《おにしべつ》ターミナル」を発着とする便であれば、上り下りとも本数は4本前後あるが、天北線の代替路線としてとらえるならば、全区間を走行する便こそ妥当である。

音威子府を出発すると、バスは国道275号を北東へ向かう。クッチャロ湖畔の浜頓別《はまとんべつ》町までは鉄道時代に沿ったルートだ。音威子府から浜頓別までの中間点を過ぎたくらいにある「中頓別ターミナル」は、天北線の駅があった場所。駅跡はメモリアルパークになっていて、公園には天北線を走っていた実車の展示がある。ターミナル2階には小さいながら記念館も。だが、バスのターミナル停車時間は限られているので、残念ながら、じっくり見学する余裕はない。

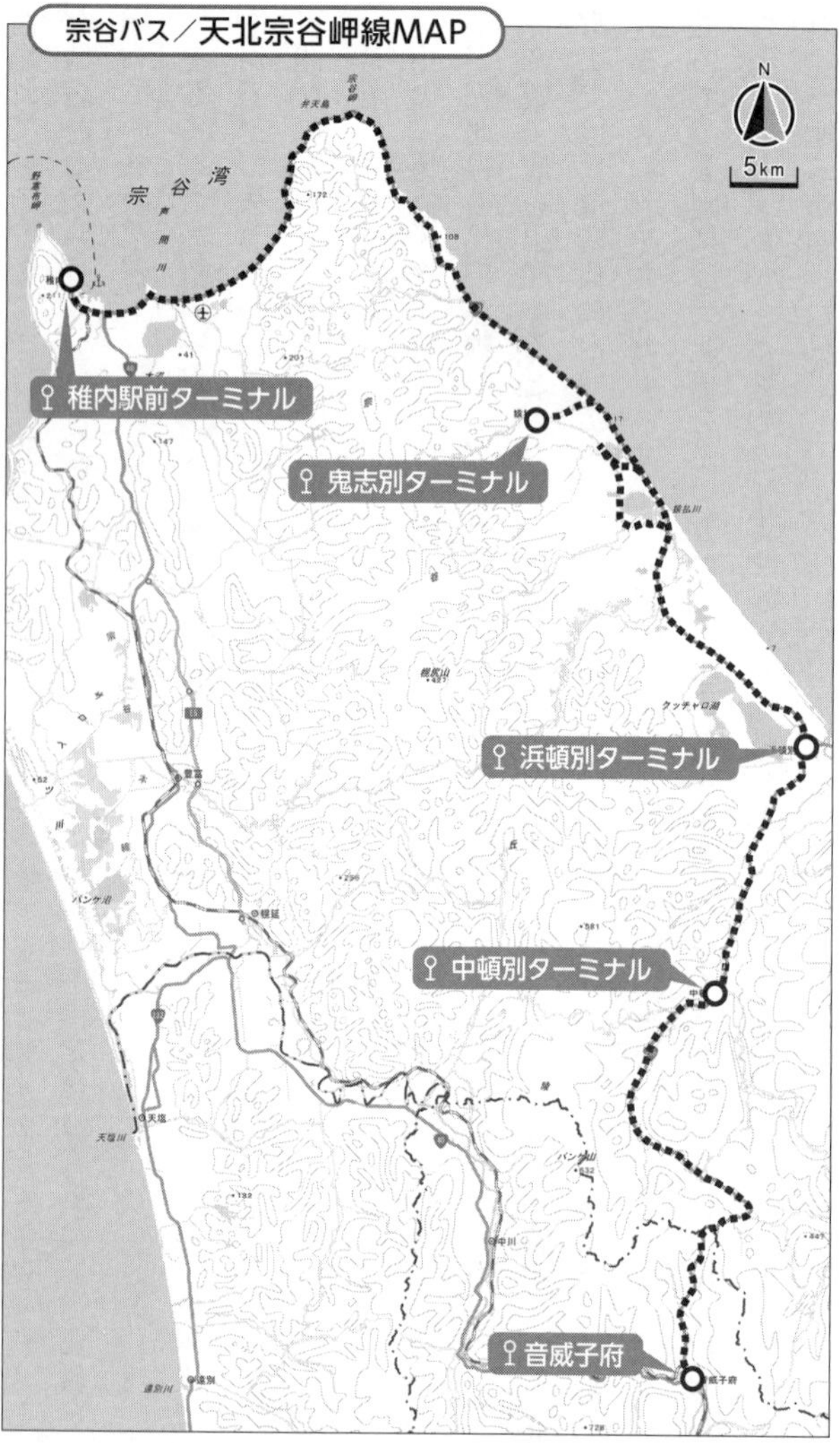

宗谷バス／天北宗谷岬線MAP
5km
宗谷湾
稚内駅前ターミナル
鬼志別ターミナル
浜頓別ターミナル
中頓別ターミナル
音威子府

宗谷バス浜頓別線の発着地でもある「浜頓別ターミナル」も、休憩を兼ねた停車。長時間乗車となるので、ターミナルでは短いながら休憩時間がある。浜頓別を出発後は、国道２３８号が主要ルート。しばらくは内陸を走り、ポロ沼に近い「浜猿払《はまさるふつ》」を過ぎてからオホーツク海が見えてくる。途中、バスは一旦内陸に食い込み、「鬼志別ターミナル」に立ち寄る。このターミナルも、旧鬼志別駅跡地にある。天北線資料室もあり、鬼志別駅のほか、猿払村にあった六つの駅の鉄道関連品が展示されているのだ。

「鬼志別ターミナル」を出てからは一路、宗谷岬を目指す。「宗谷岬」バス停は日本最北の地にあるバス停だ。〝日本最北端〟の肩書きは魅力的だが、実は宗谷岬経由ルートは天北宗谷岬線の運行当初のルートではない。２０００年代前半にかけて減少が顕著となったバス利用者の再増加を図るために、２０１１（平成23）年、鬼志別〜稚内だった従来の内陸ルートから観光客取り込みが見込める宗谷岬経由ルートに変更したのだ。ただ、歴史の浅い新ルートではあるが、オホーツク海を満喫できる絶景区間であることは間違いない。

宗谷岬を越えてからは道幅もぐっと広くなる。終着点の「稚内駅前ターミナル」は２０１１（平成23）年に稚内駅再開発ビル「キタカラ」の完成に伴い、移転した。かつての面影は薄れたが、現ルートの各所で、鉄道時代や一時代前の天北宗谷岬線の名残は感じられる。

幻のオホーツク本線計画

宗谷バス　浜頓別線

【北海道浜頓別町〜枝幸町】

興浜北線《こうひんほく》は、かつてオホーツク海に面した北海道北東部を走っていた国鉄路線だ。1936（昭和11）年に浜頓別から北見枝幸《えさし》までが開業。前年に興部《おこっぺ》から雄武《おうむ》まで開通していた興浜南線とつながり、興部〜浜頓別間を走る興浜線となる予定だった。しかし、太平洋戦争末期の1944（昭和19）年、不要不急線として両線とも廃止となってしまった。

ただ、興浜北線は終戦直後に復旧の許可が下り、復活する。1945（昭和20）年12月には全線で営業が再開したという。興浜南線との間の未成線区間の工事も一部進行した。だが、両線を結ぶ工事は思うように進まず、1985（昭和60）年に両線とも再び全線廃止が決定した。

1980年代は全国的に赤字ローカル線の運営が問題化していた。興浜北線廃止協議の過程で、未成線区間の整備も行い、網走から南稚内までを1本の鉄道でつなごうという

DATA

●開設年　1953（昭和28）年
●総距離（片道）　約33・8㎞
●所要時間（片道）　48分

「オホーツク海縦貫線」が持ち上がってはいた。総延長約３３５キロにもおよぶ壮大な構想で、「オホーツク本線」などとも呼ばれたのだが、計画は頓挫した。

興浜北線の廃止直後から、鉄道の代替として運行が始まったのが、宗谷バス浜頓別線なのだ。クッチャロ湖に面した浜頓別町から毛ガニの産地である枝幸町までを、廃線ルートに沿って走る。浜頓別からの出発では、浜頓別ターミナルが起点となり、枝幸国保病院が終点だ。枝幸国保病院と枝幸ターミナル間は２０１０（平成22）年４月に延伸された。また、浜頓別ターミナルは２０１９（平成31）年に、旧所在地から移転している（といっても、ほぼ目の前だが）。

オホーツク海沿岸の廃線跡をたどってゆく

２０２２（令和４）年６月時点で、枝幸方面行きは平日５便、浜頓別方面行きは同４便で運行している。

道の駅「北オホーツクはまとんべつ」にある浜頓別ターミナルから出発したバスは、クッチャロ湖に背を向けてオホーツク海沿いへと向かう。走行ルートメインは国道２３８

号。「豊牛《とようし》」バス停辺りからはほぼ、廃線ルートに沿うような道のりだ。

中間点辺りとなる「斜内《しゃない》」バス停を過ぎると、北見神威《かむい》岬の根本を貫通する北オホーツクトンネルに突入する。1999（平成11）年にこのトンネルが完成するまで、国道238号は岬を周っていた。現役時代の興浜北線も同様に岬に沿って走っていた。だが、北オホーツクトンネルの完成によって、岬を周っていた国道238号は町道となり、バスルートも一旦、廃線沿いから離れる。トンネルを抜けると、バスは再び廃線沿いに戻る。「目梨泊《めなしどまり》」を過ぎ、しばらく進むとバスは側道へ。「落切」を通過後、「問牧《といまき》」直前までた国道238号に合流する。浜頓別町市街地と枝幸町市街地以外では、この区間が唯一、国道238号を外れる区間だ。

枝幸町市街地に入ったバスは、「枝幸ターミナル」を通って「枝幸国保病院」へ到着。市街地には国鉄時代の「北見枝幸駅」跡地に碑が立っている。

鉄道時代の線路跡の多くは道路に転用されており、バスを途中下車して少し足を延ばせば確認できるスポットが多数、点在する。

始点から終点までは所要50分弱。オホーツク海を眺めながら鉄道時代に思いを馳せることができるバス旅なのだ。

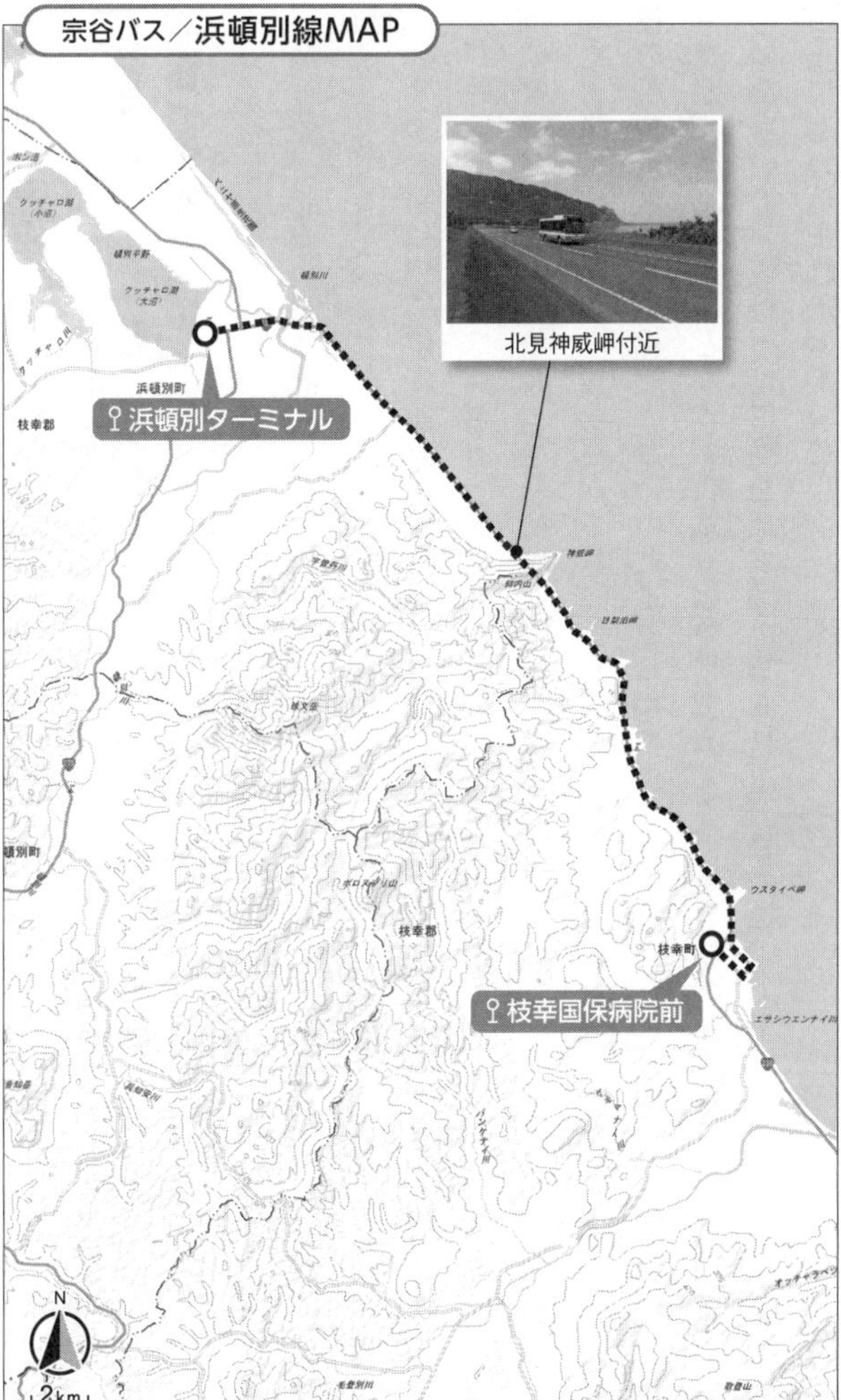
宗谷バス／浜頓別線MAP
北見神威岬付近
浜頓別町
浜頓別ターミナル
枝幸郡
枝幸町
ウスタイベ岬
枝幸国保病院前
N
2km

ほとんど完成していた軍用路線

函館バス　91系統

【北海道函館市】

DATA

●総距離（片道）　52・6km
●所要時間（片道）　2時間11分

かつて、北海道函館市の五稜郭から戸井町（現函館市）までをつなぐ鉄道計画があった。1936（昭和11）年に着工した戸井線である。総延長29・2キロが計画され、1944（昭和19）年に完成の予定であった。

戸井線敷設の目的は、軍事的意味合いが強かった。函館市が面する津軽海峡は軍事戦略上の要衝だ。日露戦争時、津軽海峡の防備が甘く北海道が孤立した教訓から、函館港を含めた一帯は要塞化が必要と見なされ、汐首岬には砲台建設が計画された。その建設や完成後の維持管理、物資輸送のための鉄道として、戸井線が計画されたのだ。

だが、着工からほどなく、日本は戦争に突入する。戸井線の路盤は9割程度まで完成していたものの、資材不足に陥り工事は中断された。その後、工事は再開されないまま計画中止に追い込まれたのだった。

名勝・七つ岩付近

未成線時代を今に伝える コンクリートアーチ橋は必見

この幻の鉄道が走るはずだったルートとほぼ同じ経路をたどるのが、函館バス91系統（下海岸線）。91系統が走るのは函館市街地の「函館バスセンター」から函館市日ノ浜町の「日ノ浜団地」まで。「日ノ浜団地」からは「椴法華《とどほっけ》支所前」まで行く91E系統、「恵《え》山《さん》御《み》崎《さき》」に行く91F系統が出ている。また、函館バスセンターを始発とする91系統でも「恵山御崎」に行く便はある。「日ノ浜団地」までは約1時間50分、「恵山御崎」までなら2時間超という長大路線だ。バス停数も多く、実に90を超える。

戸井線が未完成のまま中止となり、その後も鉄道が建設されていないため、地元住民にとってはバスが唯一の公共交通機関だ。当時の鉄道計画は軍事目的だったが、現在の91系統は生活路線として重要な機能を果たしているのである。

函館市街地からの始点は、函館バス本社および函館営業所がある「函館バスセンター」だが、利用者が多いのはターミナルになっている「函館駅前」だ。以降は「五稜郭」などを経由して市街地を徐々に離れ、「高松町」の手前で国道278号に合流。津軽海峡を横に見ながらひた走る。ところどころで海沿いの集落に立ち寄り、側道へ。国道と側道の通過を繰り返しながら進んで行くのだ。

側道沿いにある「下釜谷」を越え、国道278号に再合流した後の汐首岬で見えてくるのが、戸井線廃線跡でも屈指の見どころであるコンクリートアーチ橋だ。汐首岬灯台のすぐ下に位置しているので、見落とす心配はまずないだろう。アーチ橋の全長は約52メートル。資材に乏しかった戦中の建設であったため、使用したコンクリートの質は悪く、躯体には鉄筋を使っていないという。現在でも、アーチ橋の一部は歩くことができるうえ、近隣にはトンネルの遺構も残っている。

汐首町を過ぎて、バスはやっとルートの後半に差しかかった辺りだ。まだまだ先は長い。

アーチが連なる蓬内川陸橋の遺構

「戸井支所前」を過ぎてからは、また側道。戸井地区の市街地だ。さらにその先、「日浦」を過ぎてからの側道区間もなかなかの狭隘路。のどかな海沿いの風景だが、緊張感が漂う。

国道に戻ってからは、日ノ浜町へ一直線。幻の戸井線をたどるバス旅も終了だ。ただ、乗車する便によっては「日ノ浜団地」の先の「恵山御崎」まで行くことができる。「日ノ浜団地」を出たバスは道道635号を進んで行くのだが、途中には狭隘路も多く、スリルがある道のりだ。終点の「恵山御崎」バス停は小さな漁村にある。数100メートル先にバスの転回場があり、その先は道が途切れた断崖絶壁だ。

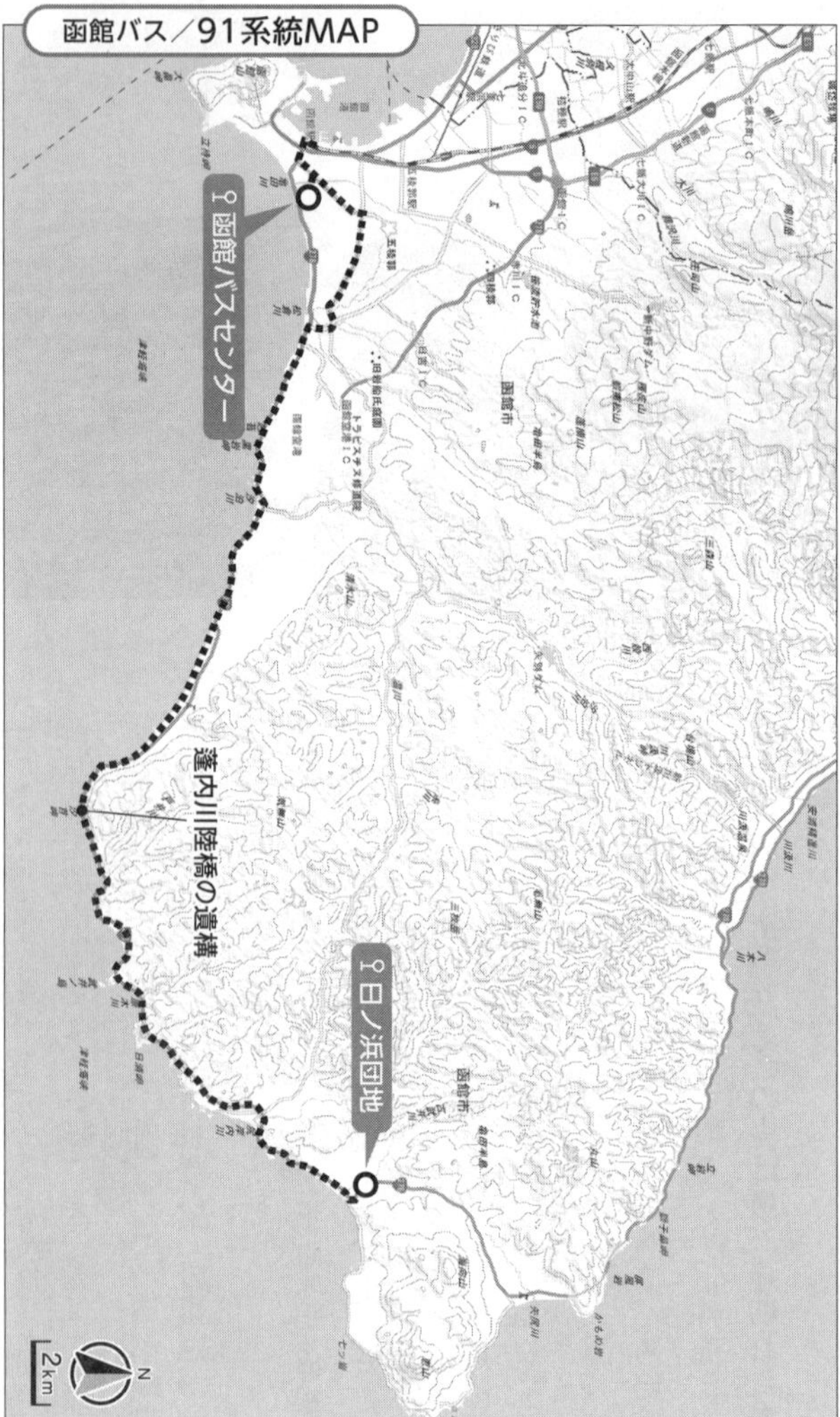
函館バス／91系統MAP
函館バスセンター
蓬内川陸橋の遺構
日ノ浜団地
函館市
N
2km

碓氷峠越えの難所を引き継ぐ

ジェイアールバス関東　碓氷線

【群馬県安中市〜長野県軽井沢町】

DATA

●開設年　１９９７（平成９）年
●総距離（片道）　20・３㎞
●所要時間（片道）　34分

群馬県安中《あんなか》市横川《よこかわ》と長野県軽井沢町をつなぐ碓氷《うすい》峠は、極めて険しい峠道であり、通行人は重い負担を強いられてきた。

そんな難所に明治後期、開設されたのが信越本線の横川〜軽井沢間の鉄道路線だった。66・７パーミルという急勾配のため、ドイツのハルツ山鉄道にならったアプト式鉄道が導入された。線路中央に設置したラックレールと噛み合わせる歯車を装備した補助機関車で列車を押し上げるという独特の運行方式だ。その後、１９６３（昭和38）年に新たな運転方式が取り入れられる。急勾配の峠をいかに乗り越えるかが、この鉄道路線の宿命だった。

鉄道と峠の戦いに終止符が打たれたのは、１９９７（平成９）年のこと。同年10月の北陸新幹線（高崎〜長野間）開業がきっかけとなり、１０４年もの間続いた路線は廃線に。その後、転換バス路線として新設されたのがジェイアールバス関東の碓氷線なのだ。

鉄道の廃線当時、上野駅と長野駅などを結ぶ特急「あさま」や「白山」が多数運行されていた一方、普通列車は1日数往復にとどまり、利用者も少なかった。加えて、廃止となった区間はすでに貨物列車の運行がなかったことから、バスへの転換が選択された。

碓氷線は、並行在来線でもある。これは、整備新幹線区間を並行して運行する在来線鉄道を指す。新幹線に加えて並行在来線を経営するのは、JRにとって負担が過度となるため、新幹線開業時に経営分離される。碓氷線は路線バスであるため、全国的に前例のない並行在来線バスとなったのである。

路線バス転換後も立ちはだかる峠道

路線バスへの転換後も、碓氷峠との戦いは続いている。

開設当初は、鉄道の普通列車と同じ1日7往復での運行で、経路は鉄道沿いではなく、南へ大きく迂回する国道18号の碓氷バイパスを経由して、横川駅～軽井沢駅間を直行する形態が取られた。碓氷バイパスは、旧国道18号に比べれば勾配が緩和されているものの、急坂や急カーブの連続。ブレーキ故障時の備えとなる盛り土された待避所が道路沿いのあちこちに設けられているなど、非常に厳しい道のりだ。バス路線となってからも、峠越えは一筋縄ではいかないのである。

現在の運行本数も、開設時と同じ１日７本。一時増便された模様だが、利用者伸び悩みのためか、元に戻っている。

だが、通常運行が苦戦する一方、特別ルートの観光線が存在感を放っている。

明治時代から１９６３（昭和38）年まで使用された碓氷峠のアプト式鉄道跡は、一部区間が「アプトの道」として国の近代化遺産の指定を受け、特徴的なトンネルや橋梁群が遊歩道として整備されている。この遺産観光への交通利便性向上を図るため、鉄道旧線に沿う旧国道18号を走る特別ルートの通称・めがねバスが１９９９（平成11）年に運行を開始しているのだ。

めがねバスは、途中5カ所に停車。「めがね橋」の愛称で知られるレンガ積みアーチ橋、碓氷第3橋梁などへの交通手段を担う。運行時期は、ゴールデンウィークや夏季・秋季連休、紅葉シーズンなど、時期限定で１日１往復だ。

ちなみに、運行ルート内に急坂や急カーブが多い碓氷線は乗客の安全を確保するため、高速バスと同様に立ち席のない座席定員制。そのため、満員で乗車できない場合もある。

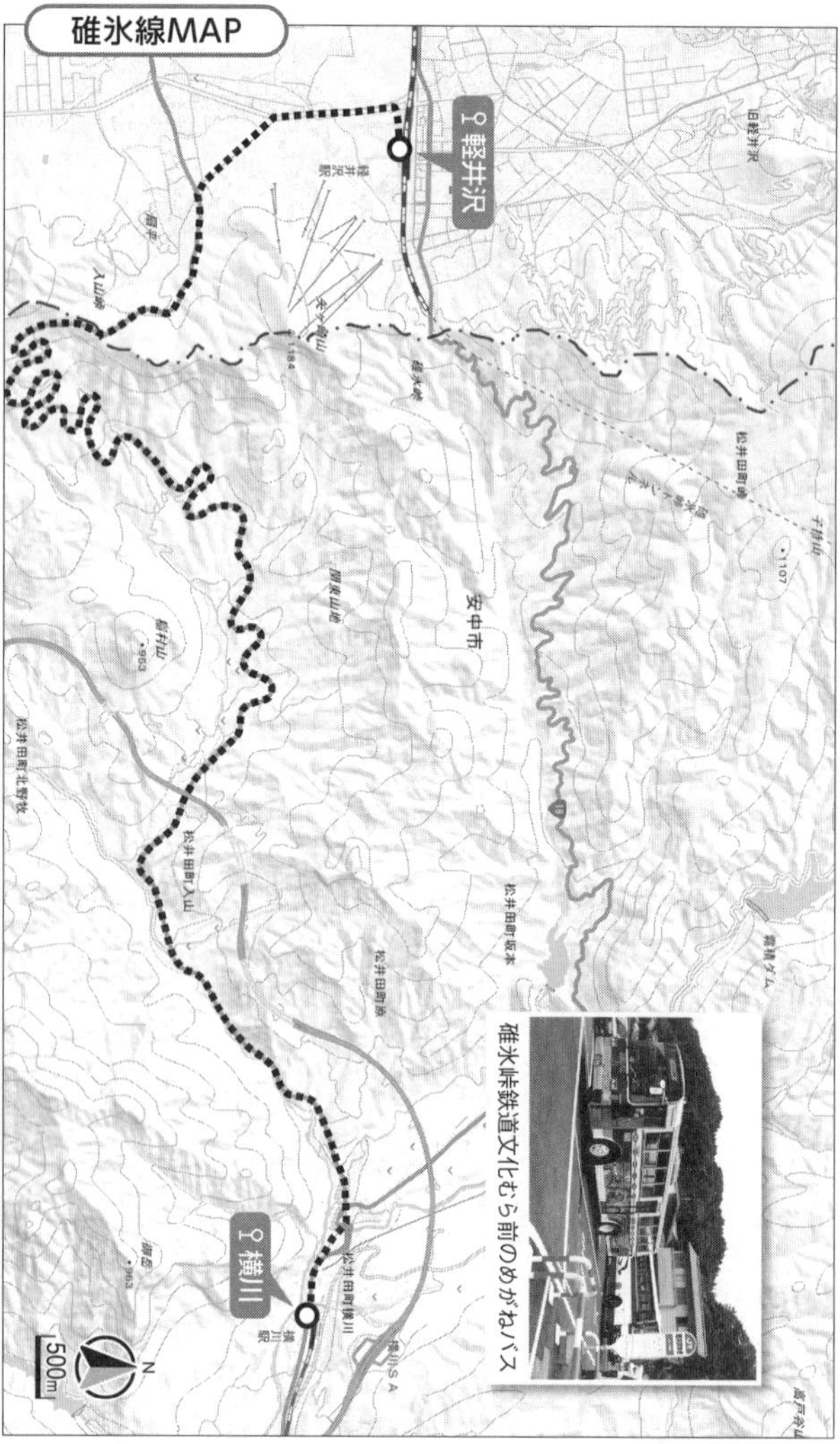

碓氷峠鉄道文化むら前のめがねバス

九州最南端の駅へバスでアクセス

鹿児島交通　伊集院～枕崎線

［鹿児島県日置市～枕崎市］

DATA

●開設年　１９８４（昭和59）年
●総距離（片道）　59・８㎞
●所要時間（片道）　１時間52分

バス転換前の鉄道路線は、南薩鉄道によって開業した。１９１４（大正３）年、伊集院～加世田間が開通する。１９３１（昭和６）年に加世田～枕崎間の運行が始まり、南薩鉄道枕崎線が完成した。総距離は49・６キロ。支線も存在した、鹿児島県唯一の私鉄であった。

開業以来、「南鉄」という愛称で長く地域に親しまれた枕崎線であったが、１９６０年代に入ると乗客が急減してしまう。経営が悪化した南薩鉄道は、鹿児島県内でバス路線網を展開している三州自動車と合併。こうして鹿児島交通が誕生し、鉄道も鹿児島交通枕崎線と名を変えた。

合併当初は、沿線の観光開発による行楽客誘致や、伊集院から国鉄への乗り入れなどで集客に奮闘した枕崎線だったが、利便性の高い自社の路線バスに客足が移っていく。そんな折、1983（昭和58）年の豪雨で鉄道設備に甚大な被害が発生。設備は復旧されることなく、枕崎線は全線廃止となった。

鉄道時代の遺構散らばる、長大ローカル路線

その代替として1984（昭和59）年に運行を始めた路線バスが鹿児島交通伊集院～枕崎線。もともと、鹿児島県の薩摩半島は、指宿《いぶすき》温泉などの観光開発とともに、バス路線網が発達してきた地域だ。それに伴うようにして、地元集落への生活路線網も充実していたという歴史がある。伊集院～枕崎線も、ほかの既存路線バスと同様に、生活の足として重宝される。代行運行が始まった当初から伊集院発の初便が午前5時台に走っていたことからも、重要性の高さが窺《うかが》える。

現在のバスルートは、日置《ひおき》市の伊集院市街地にある「伊集院高校前」と枕崎市の枕崎駅近隣にある「枕崎」をつないでいる。「伊集院駅前」を過ぎてからは、旧鉄道に沿って南下するルートだ。総距離は60キロに迫り、始点から終点まで2時間近くを要する。

ルート周辺では、数々の鉄道遺構に触れることができる。伊集院駅は2015（平成

27）年に建て替えられ、当時の姿は失われてしまったが、その後の上日置駅跡には石造りの給水塔や枕木の一部などの遺構がある。また、吉利《よしとし》駅の跡地もきれいに整備されている。「天昌寺」と「永吉十文字」の間を流れる永吉川では、永吉川鉄橋のレンガ積み橋脚が4本、川面からそびえ立っているのが見える。沿線で最も鉄道転換バスらしさを感じられるシーンだ。

「さつま湖」を過ぎ、「伊作《いざく》」バス停へ坂を下るあたりはまさに鉄道をたどる道だ。車窓からは、サイクリングロードに姿を変えた鉄道跡を眺められる。また、「伊作」バス停のロータリーは、伊作駅跡を利用したもの。１９８５（昭和60）年にレールが撤去され遺構はないが、駅跡の案内板から当時の状況を窺い知ることができるのだ。

南さつま市の「加世田」バス停は、鹿児島交通加世田バスセンターとして南さつま市における交通の中心的役割を果たしている。鉄道時代の加世田駅は、車庫もあった枕崎線の主要駅だった。ターミナルとなった駅跡には、ディーゼル機関車と蒸気機関車が展示されている。１９９４（平成６）年には南薩鉄道記念館がオープンした。

「加世田」から「枕崎」にかけても、築堤や陸橋といった鉄道遺構がところどころに見られる。「津貫《つぬき》」バス停はかつて津貫駅があった場所に置かれている。駅の跡地は保育園

永吉川を渡る際は、鉄道遺構の橋脚を横目に

に転用され、駅舎などの面影はないが、園内には車両の向きを効率的に変更するために用いられた転車台が、なんと花壇に使われている。そのほか、軌道自転車を改造した遊具や駅名標が残っている。

伊集院方面からのバスの終点となる「枕崎」は、以前は鹿児島交通の駅舎を国鉄指宿枕崎線が間借り使用し、バス待合所としても兼用されていた。現在、JR九州の枕崎駅は近隣に移転しているが、バス停は昔と変わらず旧駅舎の位置に置かれている。

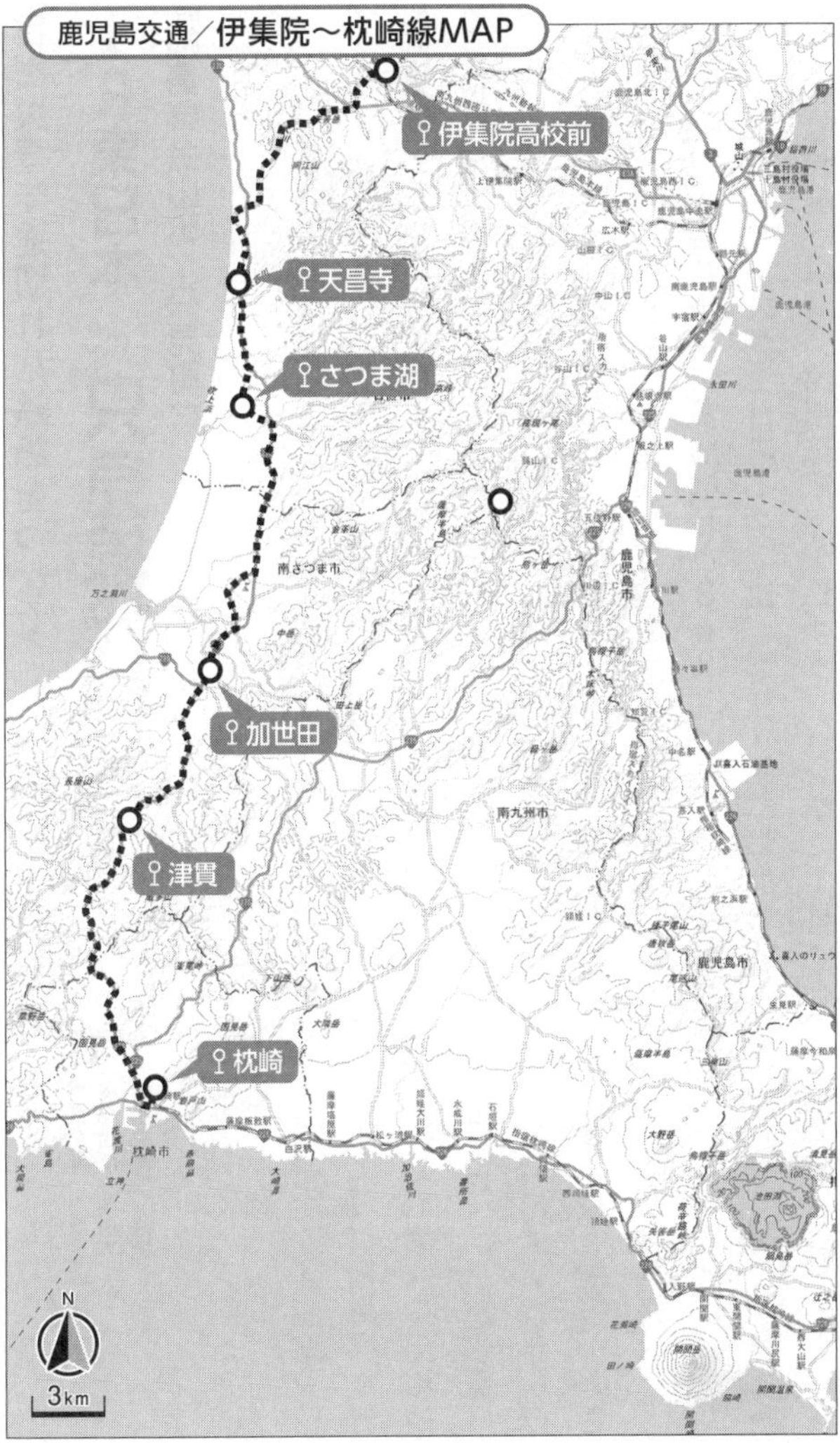
鹿児島交通／伊集院～枕崎線MAP
伊集院高校前
天昌寺
さつま湖
加世田
津貫
枕崎
南さつま市
南九州市
鹿児島市
枕崎市
N
3km

自然災害で途切れた鉄路をつなぐ

JR東日本 只見線代行バス

【福島県金山町〜只見町】

DATA

●開設年 2011(平成23)年
●総距離(片道) 27・6km
●所要時間(片道) 50分

山間を走る秘境鉄道として愛されてきたJR只見線。福島県会津若松市から新潟県魚沼市までの約135・2キロを結ぶローカル線だ。2011(平成23)年7月に福島県と新潟県を襲った豪雨災害により、福島県側の第五〜第七只見川橋梁が流出し、第八只見川橋梁付近では盛り土が崩落した。これにより、会津坂下〜小出間が不通となってしまった。同年8月より区間ごとに運行が再開され、2012(平成24)年10月までには、会津川口〜只見間を除くすべての区間が復旧した。しかし、橋梁が流されるなど、最も被害が大きかった会津川口〜只見間は復旧の見込みが立たず、バスによる代行輸送が行われた。

豪雨災害から10年以上が経過した2022(令和4)年6月現在も、この区間はいまだ不通のままだ。バスが1日に上り7便、下り6便、およそ2〜3時間間隔で運行。バスからJR只見線へは、会津川口駅で1日4本、只見駅で1日3本の列車に接続している。

災害などで不通となってしまったローカル鉄道路線は、そのまま廃線となってしまうことが多い。しかし、地元では只見線の復活を望む声が大きく、２０１７（平成29）年になってようやく、ＪＲ東日本と福島県の間で鉄道復旧に関する基本合意が結ばれた。工事着工となったのは２０１８（平成30）年になってからだった。

代行バスになっても鉄道ファンが訪れる

会津川口駅で列車を降りて駅舎を出ると、目の前にマイクロバスが停車している。只見線代行バスだ。代行バスの１日の利用者は非常に少ない。地域住民は自家用車を利用することが多いため、乗客の大半は鉄道ファンやバスファンなどの観光客が占めている。

バスは会津川口駅を発車すると、不通となっている只見線の六つの駅のほか、「川口高校前」「橋立集会所」「叶津」のバス停に停車しながら、只見駅まで鉄道で総距離27・６キロをおよそ50分で走り抜ける。バス停は、国道沿いや国道から１本入った集落の中心地近くの広い道路などに設けられている。駅前が狭かったり、集落から少し離れた場所に駅がある地区では、鉄道のころより便利になったともいえるだろう。

バス停といっても、ポールに停留所名が記された丸板などがついた一般的な標識柱はない。停留所付近の建物の壁などに、大きく「代行バス停留所」と書かれたプレートとともに、上下線の時刻表があるのみだ。それも、このプレートはたいてい上り線側にしかないため、下り線に途中から乗り込む際は、バス停が見つけづらいというのが難点だった。

只見線全線復活は２０２２（令和４）年秋の予定

三つ目の「本名」バス停を通過して間もなくすると、川に架かる大きな建造物・本名《ほんな》ダムが見えてくる。以前は、すぐ近くに架かる第六只見川橋梁を走る列車とダムが一緒に撮影できる人気のスポットだったが、橋梁が流出。復旧工事はようやく２０２２（令和４）年に竣工。ＪＲ只見線は２０２２（令和４）年の10月には全線開通予定だ。

発車からおよそ50分、只見駅へと到着する。駅前でしばらく待機したのち、バスは折り返しの会津川口駅行きとなる。乗客はここで降りて、小出駅行きの只見線に乗り換えだ。鉄路での全線運行が再び始まれば、代行バスもお役御免となるだろう。電車とは異なる車窓風景を楽しめるのも、あとわずかの期間だ。

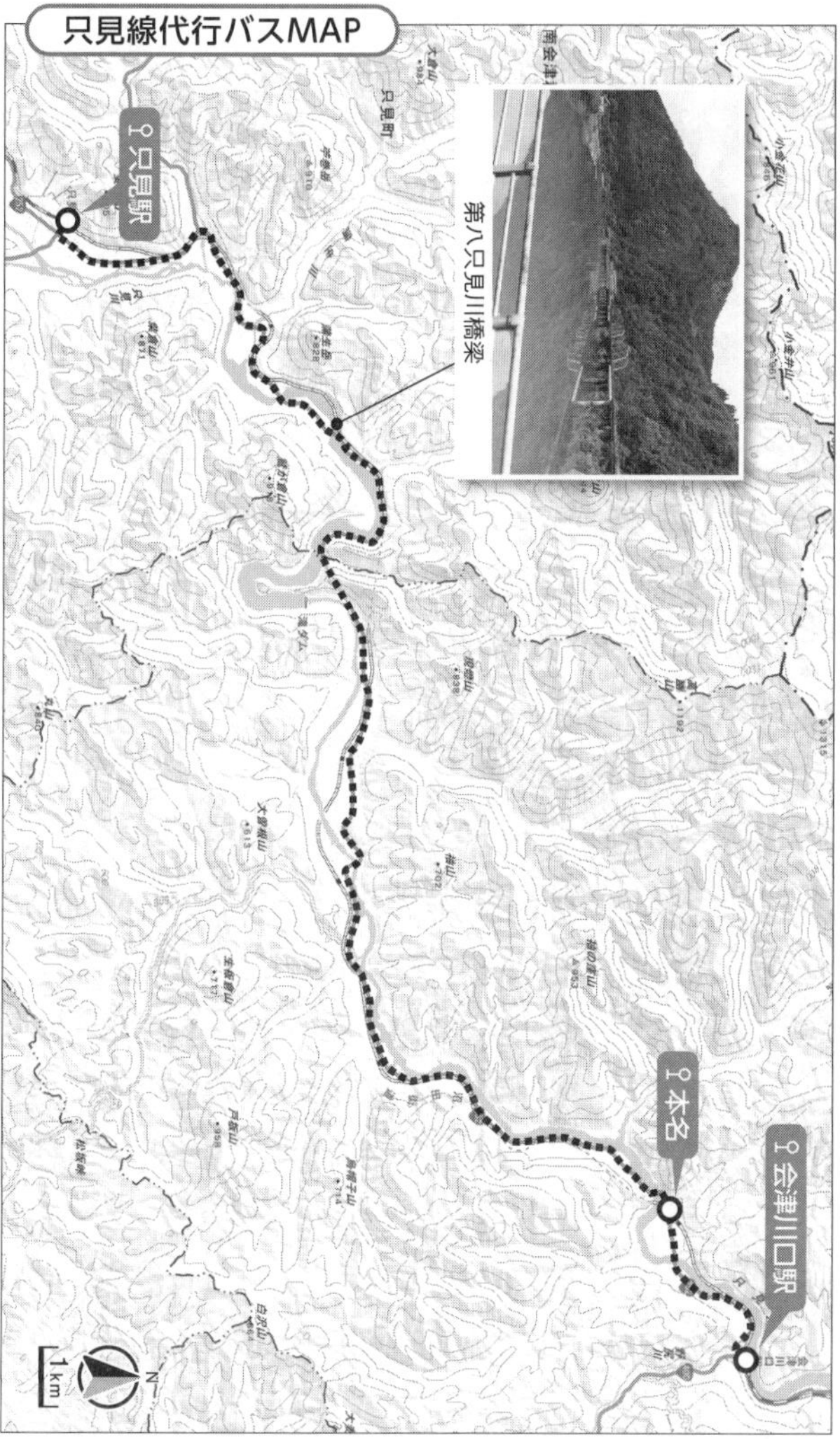
只見線代行バスMAP
只見駅
第八只見川橋梁
本名
会津川口駅
1km
N

第2章

狭隘《きょうあい》

ほぼ畦道。変化に富んだ里山ルート

高森町民バス　草部南部線

【熊本県高森町】

DATA

●開設年　2004（平成16）年
●総距離（片道）　62・4〜63・2km
●所要時間（片道）　2時間4分

古くから信仰の対象として崇められてきた阿蘇五岳《ごがく》を構成する根子岳《ねこだけ》の麓に、熊本県高森町は位置している。古代の神話や民話が数多く残る、歴史と自然が豊かな町だ。町には南阿蘇鉄道高森線が乗り入れているが、町の西部に位置する市街地に高森駅が一つあるだけ。町内の生活路線として活用できる鉄道路線網はない。そこで、町内の公共交通機関として、高森町民バスが路線網を張り巡らせている。町が運営し、九州産交バスが委託を受けて運行しているコミュニティバスだ。

町内の大部分が山地や里山であるため、高森町民バスの運行路線はどれも乗り応えのある秘境路線。車窓から雄大な景色を眺めつつ、悪路や狭隘路にヒヤリとする。ほとんどの運行路線で、そんな体験ができるのだ。

小型バスでもギリギリの〝最狭〟田舎道

現在、高森町民バスが運行する7路線の中でも秘境感抜群の路線が、草部《くさかべ》南部線だ。総距離60キロ超のルートは、運転手の技術が試されるような箇所が目白押し。運行車両は小型車だが、それでも、車幅ぎりぎりという狭い道を通り抜けたり、人里離れた山道を走ったりと、変化に富んだ里山ルートなのだ。

現在の草部南部線は1日2便の運行。ただし、毎日運行されているのではない。曜日指定運行で、1週間のうち、月曜と木曜の2日だけ走っている。やや特殊な周回ルートなため、往路・復路の区別はされていない。町の中心部を出発し、点在する集落を回って戻って来るという経路設定だ。

草部南部線の軸となるバス停が「高森駅前」。駅前を出発すると市街地を抜けて国道265号に合流するのだが、高森峠隧道を抜けてから、一旦、高森町を出て隣接する山都《やまと》町を走行する。高森峠を過ぎてからは、阿蘇外輪山《がいりんざん》のダイナミックな眺めの連続だ。「草部出張所」「草部郵便局前」と、地域施設前も通りながら、バスは山間の集落へと分け入って行く。

中でも、高森町最南端部分の走行中はルートが複雑だ。袋小路の集落にも立ち寄るため、予想もできない場所で方向転換する。初めて乗った者は、きっとバスがどの方向を向いているのかもわからなくなるだろう。「芹口《せりぐち》」から「中村」にかけての区間は、バスの車幅＝道幅と言えそうな狭さで、草部南部線の最狭区間だ。ガードレールのないカーブもスリリング。ハンドル操作を少しでも誤れば、沿道に広がる田畑に転落してしまいそうなほどなのだ。

「水湛《みずたまり》」バス停そばの地点にある橋は、小さいながら、草部南部線ハイライトシーンの一つだ。橋の幅はバスの幅とほぼ同等。左右の車体が欄干に擦れそうで擦れない、運転手の絶妙なテクニックには驚かされる。

昭和感満載のノスタルジック集落を経由

小集落を周回したバスは「取首《とりくび》」といううちょっと物騒な名前のバス停で国道に復帰する。走行するのは国道325号。右折するとすぐに宮崎県との県境で、パノラマビューが味わえる寧静《ねいせい》ループ橋があるのだが、バスはそちらに向かわず、左折。ループ橋はおあずけだ。「永野原入口」を越えた地点で、再び旧道に進入する。

草木が茂る中をすり抜け「芹口」バス停へ

また、集落立ち寄り区間なのだが、「小楢木《こならぎ》」の周辺は昭和を感じさせるノスタルジックな風景が残っている。レトロな景色も、草部南部線の醍醐味。狭隘の道だけでなく、人の営みと自然が融合した里山もぜひ目に焼きつけておきたい。

旧道を進み、「東社倉《ひがししゃくら》」バス停を過ぎると「草部郵便局前」。そう、バスは高森町南部を複雑に周回して戻って来たのだ。郵便局や出張所を通過したのはわずかに1時間前なのだが、昭和にタイムスリップしたような集落や里山を巡って来た後だけに、懐かしさもひとしおだ。

バスは前半に通った道をたどって高森町中心部を目指す。2度目の通過となる高森峠隧道を抜けた後に広がる眺望で、草部南部線の見どころは締めくくりだ。帰りがけのトンネルでは、出た先に、景色を遠望できる区間がある。阿蘇五岳や南阿蘇の平地が一望でき、それまでのルートで見て来た里山とは趣の違う開放感が得られるのだ。

スタートから2時間ほどで、「高森駅前」に到着だ。辺境の地を走るコミュニティバスには、バス好きの心をくすぐるあらゆる魅力が詰め込まれているのである。

なお、運行3便のうち午前の1便は「高森駅前」発で、最終着地は高森町民体育館などが近隣にある「阿蘇０９６区前」となる。残り2便は「阿蘇０９６区前」始発となり、終点が「高森中央」だ。

始発から終点まで2時間強で２００円の驚愕コスパ

ところで、走行距離60キロ以上、乗車時間も2時間以上と、長大路線バスと呼べる草部南部線にも関わらず、始点から終点まで完全乗車しても、大人料金はたったの２００円だ。地域福祉の側面もあるコミュニティバスのため、草部南部線に限らず、高森町民バスの各路線が乗車1回２００円に設定されているのだ。極上のバス旅を２００円で堪能できるコストパフォーマンスも、実は隠れた魅力の一つなのである。

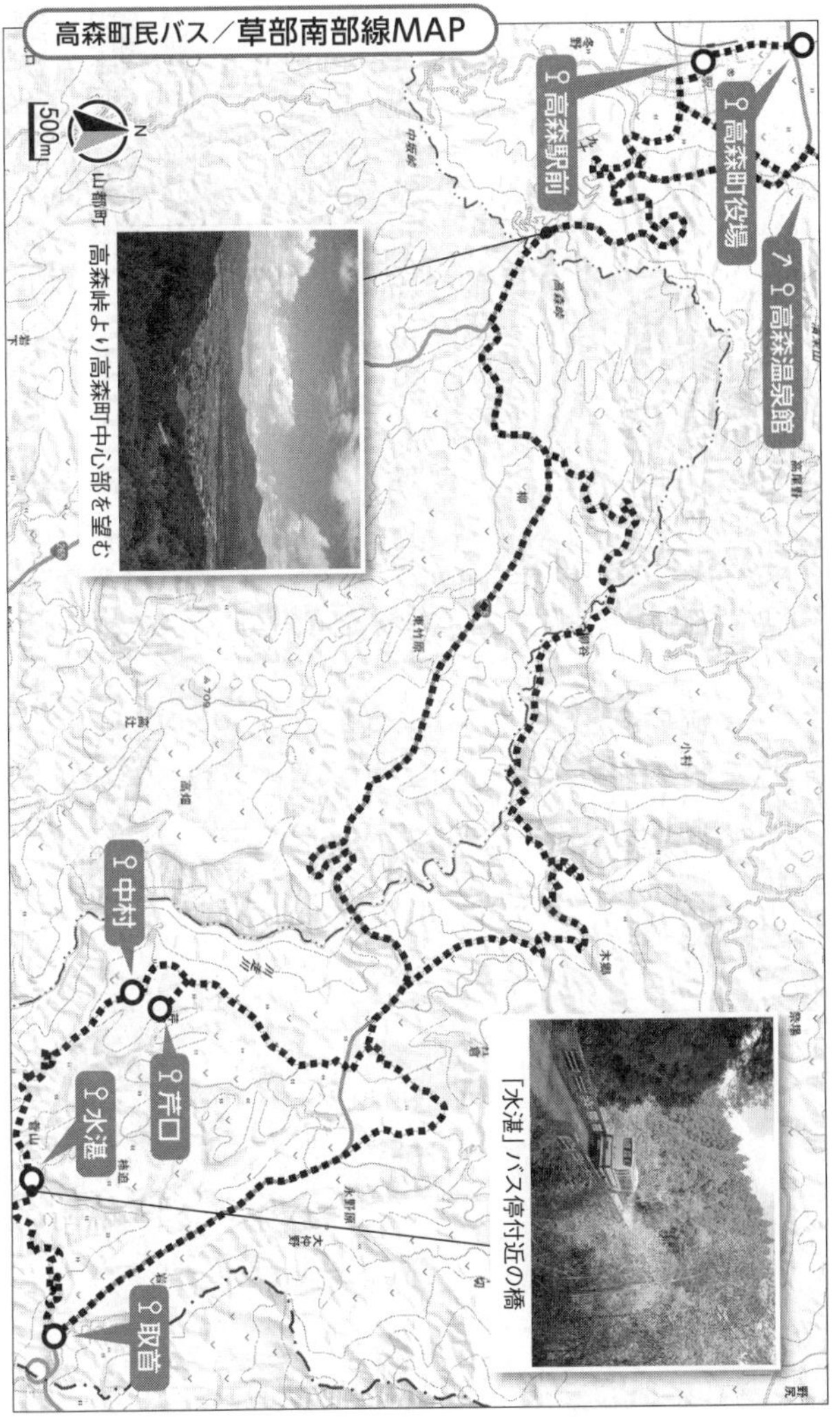
高森町民バス／草部南部線MAP
高森駅前
高森町役場
高森温泉館
高森峠より高森町中心部を望む
中村
芹口
水湛
取首
「水湛」バス停付近の橋
山都町
500m
N

瀬戸内の大都市にまさかの山岳秘境ルート

御津・建部コミュニティバス　鼓田線

【岡山県岡山市】

DATA

●開設年　2012（平成24）年
●総距離（片道）　35・6km
●所要時間（片道）　1時間10分

岡山県の県庁所在地・岡山市というと、瀬戸内沿岸の大都市というイメージが強い。だが、2005（平成17）年の平成の大合併で、北の内陸部へ大きく市域が〝進出〟している。鼓田線《つづみだ》が走るのはその一部。市街地から車で約30分、緑豊かなエリアにある岡山空港のさらに向こう。旧・御津町、建部町だった地域だ。

起点はJR津山線の金川駅（正確には「老人福祉センター」または「御津小学校」）。毎日は走っておらず、月・木・金曜のみ運行だ。

しばらくは、のどかな田園風景の中をゆくだけで、秘境感はそれほどない。岡山三大河川のひとつで、岡山市街を経て瀬戸内海へと流れる旭川の支流・宇甘川《うかい》沿いを、時折、川をまたぎながら小さな集落をつなぎつつ、上流へ。

車窓の様相が変わるのは、「九谷口」バス停を過ぎてから。宇甘川を離れ、急に山の隙間へ

「三谷公会堂」～「大野」間

と入り込んでゆく。いよいよ秘境エリアか――と思いきや、なだらかな斜面に田んぼと農家が点在する勝尾集落へ。バスはUターンして、今度は宇甘川までは戻らず、県道71号をそのまま北上。10分も走らないうちに、再び宇甘川とぶつかる。バス停名でいうと「久保」。ここは商店なども見かけられ、かつての地域の中心地といった風情。さらに県道31号に沿って川をさかのぼり、30軒近くの民家がある「虎倉」へ。そしてこの先がいよいよ、鼓田線の後半戦にして、自然系狭隘路線の面目躍如たるエリアに突入する。

あらゆるタイプの狭隘が次々に

「三谷公会堂」を過ぎると、いきなり右手はズドンと高い断崖。道の左手は川で、路肩にガードレールはない。マイクロバスでも、道幅はギリギリ。なんとか崖と川の隙間をすり抜けるようにして、「大野」へ。

視界が開けると今度は、正面に山の稜線が見える。標高差は200メートル以上はありそうだが、実はこのバス、その稜線まで登ってゆくのだ。

しばらくは川と並走し、「宿」バス停を過ぎたあたりからが真骨頂。驚くべき急勾配とともに、再び道幅も狭まり、道は右に左にうねっている。うなりをあげながらマイクロバスはひた進む。

やっと稜線に出ると、道路事情は一変。「吉備新線」は、吉備中央町～岡山空港～岡山市街を結ぶ、事実上の「バイパス路線」だ。交通量もそこそこ。やっと広い道に出られ、空も開けて一安心。

ところが、鼓田線の狭隘ハイライトはこんなものではない。吉備新線はわずか100メートルほどで、なんと右へ折れ脇道へ。この先、鼓田まで残り3・5キロ。その間ほぼずっと、道幅は車一台分で、稜線だけに崖っぷちルートの連続。ただしガードレールはある。

森の中の崖道をひた走ること5～6分で、高原集落にたどりつく。家は点々とあるが、実は空き家が多く、実際に定住している人はほぼいないとか。数キロ近く、集落もなく、

「吉備新線」に別れを告げ「鼓田」へ

バス停もなく、林道のような道を走行し続ける。まさか人口70万人の政令指定都市に、ここまでの秘境をゆくバス路線が隠れているとは、岡山市民でもほとんど知らないのではないか。しかも、瀬戸内の海沿いではなく、「山岳路線」というのも意外だ。

この路線、最後に「まだまだ」といわんばかりの展開が待っている。終点は「鼓田」ではないのだ。

車幅ギリギリの民家の軒先の石垣と断崖の合間、鬱蒼とした森を通り、「鼓田東」でようやく終点。小さな神社の前が開けており、かろうじてマイクロバスが転回できるようになっている。終着バス停らしい物悲しさがそこにある。

御津・建部コミュニティバス／鼓田線MAP

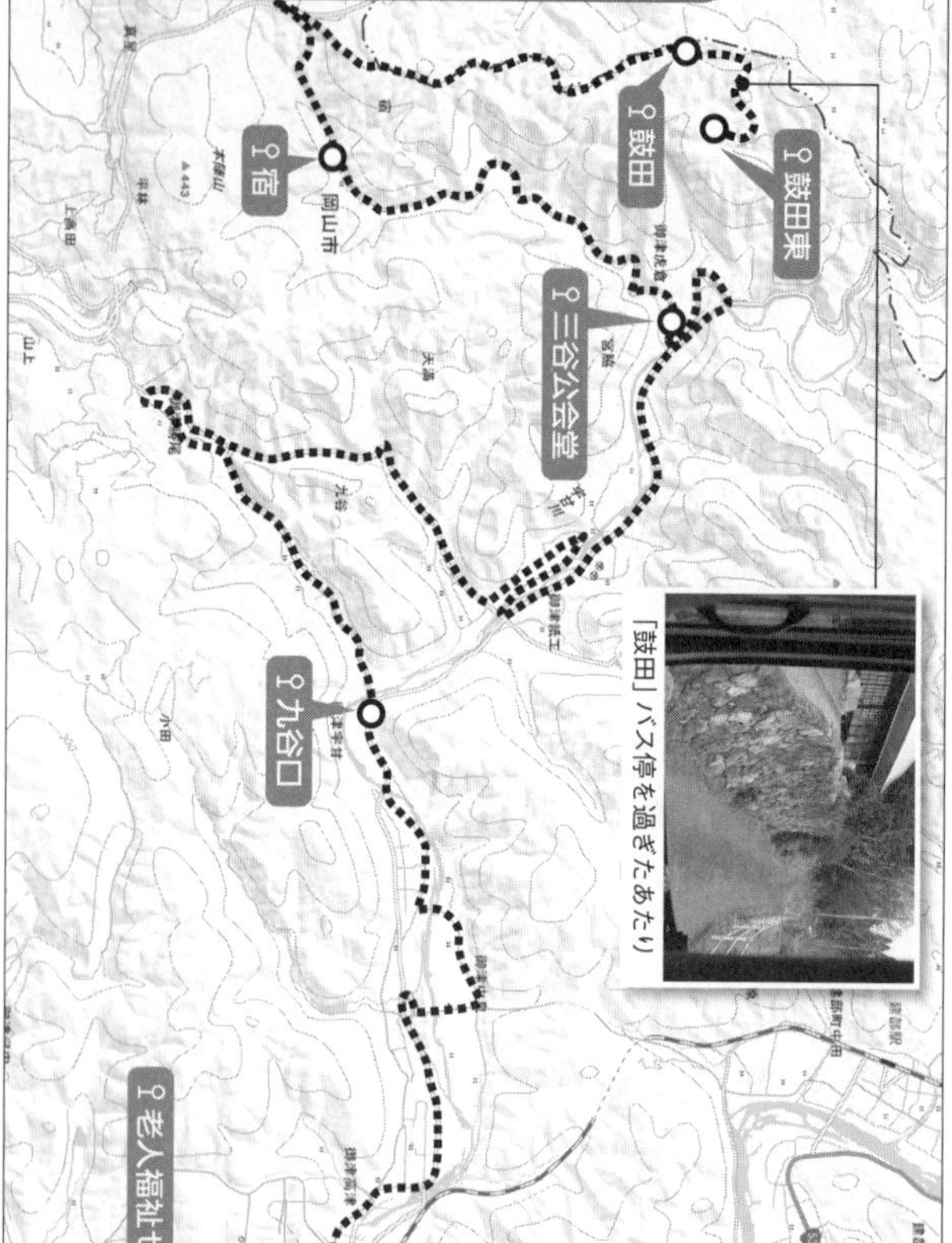

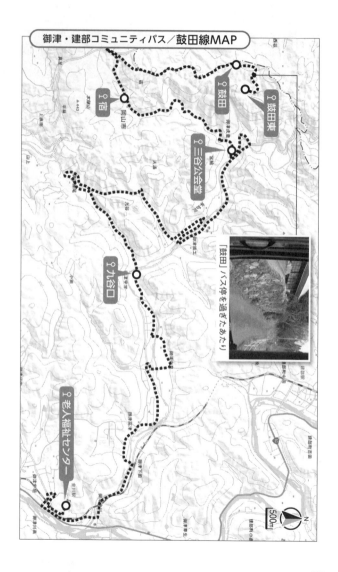

誘導員の同乗が必要な極狭区間

関東バス　川南線

【東京都杉並区】

DATA
●開設年　1960（昭和35）年
●総距離（片道）　2・37〜2・73km
●所要時間（片道）　13〜15分

1960〜1970年代ごろまでに、日本の路線バスはおおむねワンマン化され、その後もワンマン運行が主流となっている。そんな中、全国的にも珍しい「ツーマン運行」を行っているのが、JR荻窪駅からシャレール荻窪という団地までを結ぶ関東バスの川南線だ。平日・土日ともに、およそ1時間に4往復のペースで運行している。

杉並区は道路が入り組んでいる土地柄で、大通りから一本入れば、すれ違いも難しい狭い道、ということが少なくない。そこを走るバスも狭隘路線が多い。この川南線もその一つだ。

運転手以外の同乗員は車掌ではなく……

起点は「荻窪駅南口」。このバス停を出たバスは、荻窪四丁目の丁字路を右折し、環状

誘導員が先回りして安全確保してから曲がる

八号に合流する。その後、またすぐに脇道にそれ、「荻窪二丁目」バス停の交差点を左折。この道がシャレール荻窪に続くのだが、道幅が非常に狭いうえ、住宅の塀がギリギリまでせり出している。乗用車とのすれ違いも困難だろう。

そのため、この交差点には誘導員が配置され、バスの左折を誘導する。それが終わると、バスは一旦停車し、そのまま誘導員が乗車。バス前方入り口の脇に立ち、ここから添乗することになる。

終点の「シャレール荻窪」バス停から折り返しても、誘導員は同乗を続け、先ほどの「荻窪二丁目」バス停の交差点まで来ると降車し、また次のバスを誘導する……というサイクルだ。「荻窪二丁目」から先はわずか1キロにも満たない区間だが、狭隘路での安全な運行のために、誘導員の存在が必須なのだ。

シャレール荻窪は荻窪三丁目の善福寺川沿いに建つ総戸数４１１戸の団地で、１９５８（昭和33）年に竣工した荻窪団地を全面的に建て替えたもの。荻窪団地時代の総戸数は８７５戸で、１９６０（昭和35）年には、日本住宅公団の団地としては初めて固定電話が開通している。木造が主流だった中にあって、中層4～5階建ての鉄筋コンクリート造りの建物が並び、当時は高級賃貸住宅として人気を集めたという。

しかし、そんな荻窪団地も老朽化のために取り壊し・建て替えが始まり、２０１１（平成23）年にシャレール荻窪が誕生した。建て替えにあたっては荻窪団地で成長した大木を保存・移植するなど、地域の環境資産を受け継いでいる。２０１２（平成24）年にはグッドデザイン賞を受賞するなど、再び最先端の団地として生まれ変わった。

荻窪団地時代は、団地の周囲を回る循環道路がなく、終点で停止したのち後退し、待避所に入って折り返す必要があった。そこでも誘導員がバスの転回を誘導していたというが、建て替え工事の完了後は敷地内の新設道路が使えるようになり、循環運転が可能になった。そのため現在は、シャレール荻窪を囲むようにして「シャレール荻窪入口」「特養ホームおぎくぼ紫苑」「荻窪一丁目北」「シャレール荻窪」の四つのバス停が追加されている。

軒先ギリギリの路地をゆく

鞆鉄道　沼南線

【広島県福山市】

DATA
●開設年　1943（昭和18）年
●総距離（片道）　23・2km
●所要時間（片道）　55分

「鉄道」と名こそつくものの、鞆《とも》鉄道株式会社では鉄道事業は行っていない。昔は鉄道を走らせていたが、廃線によりバス専業になった会社だ。かつての鉄道路線は鞆鉄道線といい、福山駅から景勝地・鞆の浦までを結ぶものだった。1913（大正2）年には全線開通したが、モータリゼーションなどにより需要が減少し、1954（昭和29）年に廃止となった。以来、鞆鉄道はバス会社として広島県福山市を中心に営業を行っている。

沼南《しょうなん》線はJR福山駅から二つ隣のJR松永駅と、鞆の浦にある「鞆車庫前」を1時間ほどで結ぶ路線だ。松永駅を出発したバスは南下し、住宅地を抜けると丘陵部へ。しばらく見晴らしのいい登坂路が続き、広島県唯一の遊園地「みろくの里」に到着する。

この路線の見どころは山道ではなく、むしろ市街地にある。特筆すべき区間は、終点付近の鞆の浦に入ってから。阿伏兎《あぶと》隧道を過ぎて脇道に入った辺りから、道が急激に狭くなり、バスの車体が民家の壁スレスレになりながら通過してゆく。すれ違いがほぼ不可能な直線には信号機が設置され、片側交互通行となっている区間があるほど。車の通行も多く、一瞬たりとも気の抜けない時間が続く。

強烈なのは、「江の浦」バス停を過ぎてすぐのほぼ直角のカーブ。時間帯によっては車がひっきりなしにやって来るうえ、民家の塀や軒先がギリギリまで迫ってきており、相当気を使いながら、ゆっくりと精妙なハンドルさばきで乗り越えてゆく。

路地だらけの鞆の浦のど真ん中をくぐり抜ける

一番の難所を越えた後も、海岸沿いの2車線道路に出るまでの短い区間ではあるが、ほとんど車道というより「路地」といった方が近いほどの狭隘路を進む。普段は対向車のほとんどが地元民なので、バスが来ることを察知すれば、あらかじめ退避可能な場所で待機するのだが、そういった事情に不慣れな車が来ると、立ち往生してしまうこともあるという。そうなると、車が流れず渋滞になってしまい、ダイヤが乱れることもしばしば。それだけに、道のあちこちに「離合箇所」の目印が設けられ、場合によっては民家の駐車場に

思わず目を疑うほどの狭小交差点を通過する

頭を突っ込んで、無理やり対向車を通さねばならないこともある。

この区間は観光地らしく商店や飲食店が建ち並び、歩行者も多い。途中、左手には古めかしい昭和モダン風のコンクリート建築がある。これは1938（昭和13）年に建てられた、なんと現役の銀行店舗。鞆信用金庫本店を経て、現在はしまなみ信用金庫の鞆支店として使われている。

狭隘区間を抜けると、海の向こうには宿泊施設やキャンプ場、海水浴場などが整備された無人島の仙酔島《せんすいじま》が見える。先ほどまでのスリリングな光景とは一転、風光明媚な鞆の浦の景観を感じられる区間になるのだ。鞆の浦からは海岸沿いを北上して、JR福山駅に至る鞆線も出ているので、そちらに乗り継ぐのもいいだろう。

川べり狭隘&バックで終点

西武観光バス　倉尾線

【埼玉県小鹿野町～秩父市】

DATA
●開設年　1971（昭和46）年
●総距離（片道）　17・1km
●所要時間（片道）　40分

埼玉県の北西部、秩父郡に属する小鹿野《おがの》町は、平安時代の書物に小鹿野の起源となる地名が記されているように、歴史深い土地でもある。近代では、北関東と東京を結ぶ中継地として賑わった。小鹿野町には、鉄道が通っていない。その分、バス路線が発達したのも小鹿野町の特徴といえる。現在、町内の交通は、西武観光バスと小鹿野町営バスが担っている。町内の隅々まで網羅する路線は、いずれも集落を巡り盆地の奥へ奥へと向かう。今回取り上げる西武観光バス倉尾線も、そんな秘境路線の一つなのだ。

終盤から終点到着まで緊迫シーンが目白押し

倉尾線の起点は、小鹿野町市街地にある「小鹿野役場」だ。小さいながらも風情のある

終点「長沢」バス停で折り返し小鹿野市街地へ戻る

市街地を抜けると、「黒海土《くろかいど》入口」までは平地の中に民家や田畑が点在するのどかな景色の国道299号を走る。国道を外れ、巣掛トンネルを抜けると風景が一変。周囲に山地が広がる道を進むことになる。

実は、このエリアは小鹿野町ではなく、秩父市を走っているのだ。小鹿野町の北縁を主要ルートとする倉尾線は、序盤から中盤にかけての一部区間で秩父市の上吉田地区を経由し、荒川水系吉田川に建設された合角《かっかく》ダムを渡って、再び小鹿野町に戻るルートを取っているのである。

うねるような県道282号をひた走り、「女形《おながた》入口」という不思議な名前のバス停の先に待つ合角ダムを越えて、小鹿野町域に戻ってからが倉尾線の見どころ区間の始まりだ。川に沿って敷かれたくねくねした道は狭さが増し、険しくなってくる。バス１台の走行がやっとという狭隘区間もあり、いよいよ秘境路線・倉尾線の本領発揮といえよう。「馬上《もうえ》」「強矢《すねや》」「八谷《やがい》」と次々現れる難読バス停も、人里離れた奥地を走行する神秘的なムードを盛り上げてくれる。

八谷集落の先、小川の反対側にあるのが倉尾神社。約１５００年もの歴史を誇る倉尾地区の総鎮守だ。

厳かな倉尾神社に別れを告げ、集落を過ぎると、ルートは最終盤を迎える。数ある難読バス停の一つ「大石津《おおしづ》」を通過すると、終点「長沢《ちょうざわ》」だ。だが、終点直前も息が止まるような狭い道を走る。ぎりぎりの幅の道をバスは慎重に駆け抜け、右に急カーブ。最後の最後で車内の緊迫感は頂点に達するのだ。

しかし、これでおしまいではない。バスの到着シーンもスリリングだ。「長沢」バス停には転回スペースが設けられていない。そのため、折り返しとなるバスは、なんと、バックで終点に到着する。周囲の木立をかすめつつ車体を窮屈に切り返し、ようやくフィニッシュを迎えるのである。

無事、「長沢」に到着しても、山々に囲まれた小集落があるだけの風景。これといった見どころもない。だが、終点に停車するまで気の抜けないバス旅は極上の満足が得られるのだ。

四国山地の激狭山道。終点は崖っぷち

四国交通 漆川線

【徳島県三好市】

DATA

●開設年 1987(昭和62)年
●総距離(片道) 14・14km
●所要時間(片道) 38分

通称「四交」と呼ばれる四国交通は徳島県三好市を運行エリアとするバス会社で、井川町の本社から大阪、神戸への都市間高速バスなども運行している。現在、路線バスは三加茂線、井内線、出合線といった10系統があり、うち9系統が「阿波池田バスターミナル」を起点としている。これはJR土讃線阿波池田駅の至近にある四国交通のバス拠点で、案内所も設置されている大きなターミナルだ。

このバスターミナルを発着し、山奥の漆川《しっかわ》地区へと到達するのがこの漆川線。1日6往復の発着で、乗車時間は38分と決して長くはないうえ、本格的に秘境らしいエリアに突入するのは「梅の谷」バス停を通過してからの約10分間のみ。しかし、その中で、幾たびも衝撃的な体験ができる路線となっている。

谷沿いの隘路にはガードレールのない区間も

ターミナルを発車したバスは吉野川に沿って南下し、三縄《みなわ》駅方面へと向かう。この時点でも、人家の間に伸びるすれ違い困難な狭隘路を進んでゆくが、前述の「梅の谷」バス停からは川筋を離れ、ほとんど登山道かのような車道を上ってゆく。高木が鬱蒼と生い茂り、車窓から下方には小川が流れているが、途中にはガードレールがない区間も。そこを熟練のハンドルさばきで抜けてゆく。

極めつきともいえるのは、終点「漆川八幡神社前」の転回場。山の上の狭い空間に設けられているため、バスの車体に対して長さがギリギリ足りておらず、なんと車体の後方が崖からはみ出ている状態で停車するのだ。ここで３分ほど停車し、バスは折り返して同じ道を下ってゆく。

漆川線は四国交通が徳島バスの子会社として再出発した１９６３（昭和38）年当時から存在したが、１９８７（昭和62）年に廃止となり、すぐに貸し切りバス事業による代替バスという形態に切り替えて運行している。つまり、前身を含めると歴史は古い。

バスが通らない終点の先も含めた、漆川地区の世帯数は２０１８（平成30）年の時点で

山道のためカーブも多く、山肌スレスレを走ってゆく

109世帯。そこには人の営みがあり、バスを必要とする人々がいる。漆川線はかつての地域住民に望まれて生まれた路線でもあり、昭和20年代ごろ、この路線の開通を願って出された陳情書が四国交通に残っているという。

地域住民の欠かせない足とはいえ、やはり厳しい道路の条件もあり、天候や路面の状況などによって運行が難しくなることもある。特に「梅の谷」バス停から先のみ部分運休とせざるを得ないケースが多く、1〜2月ごろは路面凍結の影響を受けるため顕著だ。

また、2021(令和3)年8月には記録的な大雨の影響で部分運休、2020(令和2)年9月には地滑りにより「バスの通行に必要な道路幅員が確保できない」として、数日の間同じく「梅の谷」折り返しとなった。

前半は古い街並み、後半は自然のダブル狭隘

日野町営バス　平子・西明寺線

［滋賀県日野町］

DATA

●開設年　1990（平成2）年
●総距離（片道）　18・9㎞
●所要時間（片道）　50分

凄まじい狭隘路を駆け抜けたり、風情ある街並みを楽しんだりと、路線バスの魅力は千差万別だ。人気の路線はルート内で多彩な顔を見せてくれるものだが、同じ一つの路線の中でスリルと趣の両方をハイレベルで兼ね備える路線となると、限られてくる。

だが、秘境路線を求めてやまないバスマニアの、そんなわがままな期待に応えてくれるのが、滋賀県日野町が運営するコミュニティバス、日野町営バスの平子・西明寺線だ。

日野町が廃止路線を踏襲する形で1990（平成2）年に湖国バス（現・近江鉄道）に補助を行い、町営バスとしてスタートした。運行区間は「日野記念病院」〜「熊野神社」で、運行本数は平日片道6便。片道約50分の道のりだが、道中は見どころのオンパレードだ。

風情ある街並みと極上狭隘路の合わせ技

日野町市街地の中心部にある「日野記念病院」からバスに乗ると、役場や郵便局など、町内の主要施設を経由しながら山地へと東進して行くことになる。

日野町といえば、中世に活動が盛んだった近江商人の発祥の地として知られる。そのため、町の中心部にも木塀でできた古民家が残っており、部分的には密集するエリアもある。市街地ルートにも関わらず、風情ある街並みを堪能することができるのだ。

バスの進行ルートに沿って国道477号が通っているが、バスが走るのは国道ではなく町内の細道。狭隘路と古民家がダブルで味わえる。「日野川ダム口」から「北畑口」にかけての約3キロが、狭隘路と古い街並みが混ざり合う区間だ。狭い道のすぐ脇に古民家が建ち、車窓いっぱいに木塀が張り付くように広がる。近江商人の町をかき分けるように進む。

「北畑口」を過ぎると、ルートは後半に入っていく。

後半も初めのうちは小道を進むが、やがて金峯神社が正面に位置する「南蔵王」バス停辺りで国道477号に合流する。ここから、バス停間の距離がぐんと広がる。左側には蔵王ダム。蔵王トンネルをくぐると「蔵王ダム」バス停だ。旅情あふれる前半とはうって変

「日野町役場前」バス停は「日野祭」の出車仕様

「浦出町」～「北畑口」間は古きよき町並みが続く

熊野神社の歴史は400〜500年以上という

わり、寂しい景色。それでも、国道だけあって道はしっかり整備され、幅も確保されている……が、蔵王ダムから離れしばらくすると、バスは唐突に国道を離脱。平子集落へと左折するのだ。平子集落とその先は前半のような古民家のあるエリアではないが、とにかく道が狭い。そして、急坂が続く。景色も、平子集落を抜けたかと思うと、今度は荒地や森林、と目まぐるしい。終盤には、とどめと言わんばかりに急勾配のS字ヘアピンが待ち受けている。

上り切った先に現れるのが「熊野」バス停だ。丸太小屋風の待合室まである立派なバス停の出現には、意表を突かれるだろう。さらに坂道を進んだ先に、息を潜めるようにあるのが熊野の集落。終点「熊野神社」がある隠れ里である。

現役の渓谷路線では史上最〝狭〟か？

伊予鉄バス　滑川線

［愛媛県東温市］

DATA

●開設年　１９５３（昭和28）年
●総距離（片道）　16・４km
●所要時間（片道）　37分

松山都市圏に広く路線網を張り巡らせる伊予鉄バスは、鉄道路線のないエリアも細かく結んでおり、地域住民にとってなくてはならない路線バスだ。１８８７（明治20）年に創業した伊予鉄道がグループを拡充してきた結果、２０１８（平成30）年に、伊予鉄グループの事業会社として伊予鉄バスがバス部門を担うようになった。

そんな伊予鉄バスが運行する路線の一つである滑川《なめがわ》線の発着点は、伊予鉄道横河原《よこがわら》線の終点である横河原駅。駅前ロータリーに設置された「横河原駅前」を出発すると、序盤は市街地ルートで、緊迫感はどこにもない。やがて、バスは四国北部の主要幹線道路である国道11号に合流するのだが、この国道も片側２車線の快適な道だ。前半の道のりは秘境路線とはかけ離れたのどかさ。

松山自動車道の下をくぐり、しばらくすると車窓の外は山が目立ち始める。道も徐々に上りとなり、雰囲気が変わってくる。国道494号との分岐を過ぎた先にあるのが「根引峠」。さらにその先には、河之内隧道が口を開けている。

このトンネルを抜けて進んだ先にあるのが、通称「桜三里」と呼ばれる峠道だ。四国有数の桜の名所で、一説には、平家の落人が再興祈願を込めて植えたのが起源とか。だが、バスは桜三里に向かわず、「落出《おちで》」で、右側道の県道302号に進入するのだ。

踏み外せば清流へ真っ逆さまの狭隘路が連続

行程はついに後半へ。滑川線のクライマックスが近づいてくる。県道302号をひたすら南下したその先にあるのが、路線名の由来ともなっている滑川渓谷だ。全長1キロにもおよぶ〝ナメラ〟と呼ばれる川床や、長い年月をかけて浸食された奇怪な岩肌など、自然が作り出した芸術作品を堪能できるスポットなのだ。

県道に入ってからの道幅は一気に狭くなっている。せり出した樹木によって、清流が流れる崖下に押し出されそうになりながら、くねくね道を攻略して行かねばならない。

離合のための待避所は設けられているものの、バス1台がぎりぎりという狭隘路がこれ

滑川渓谷沿いをゆく後半は車窓を存分に楽しめる

でもかと続く。狭い上にガードレールのない箇所もところどころにある。もう、運転手のハンドルテクニックに身を委ねるしかない。

途中の集落で生活の匂いを感じ、ほっとするのも束の間、「伊之曽口《いのそ》」を過ぎると、狭隘に加えて上り勾配。道の険しさに拍車がかかる。国道を走っていた前半に漂っていた緩んだ車内の空気は、すっかり霧散してしまっている。

「第二発電所前」を通過したら、終点はもう目の前だ。終点バス停は「海上《かいしょ》」だが、周囲は小集落があるだけの山の中。〝海〟を感じる要素はどこにもない。遠方には、四国最高峰である石鎚《いしづち》山をはじめとした雄大な稜線も広がっている。

かつてのナンバーワン渓谷狭隘路線

宮崎交通　上祝子線

【宮崎県延岡市】

DATA

●開設年　1940（昭和15）年
※2022（令和4）年廃止
●総距離（片道）　28・7㎞
●所要時間（片道）　1時間11分

宮崎交通バス上祝子《かみほうり》線は、宮崎県北の中心都市、延岡《のべおか》市から、祝子川渓谷を遡り、大崩《おおくえ》山《やま》の麓に沸く渓谷のいで湯の祝子川温泉へ至る路線。全国の秘境路線バスの中で、日本一の狭隘路線に挙げる声も多かった。

岩肌と渓流の隙間を抜ける宮崎交通屈指の難ルート

バスは切り立つ岩肌に身を寄せながら、祝子川岸のガードレールとの窮屈な隙間に挟まれつつ、車幅ギリギリに通り抜けてゆく。しかも、岩肌の張り出しに合わせ、道筋は波を

落石防止ネットが地形の険しさを物語っている

打つような形状で湾曲していて、中には岩肌側と、断崖側のガードレールそれぞれからバスの車両との余裕が、数10センチ程度しかないような箇所もあるほどだ。

そのため、運転手のハンドル操作はミリ単位といってもオーバーでないほどの正確さが必要で、宮崎交通で一番運転技術が必要、とベテラン乗務員が挙げる路線でもある。上祝子線を管轄していた宮崎交通の延岡営業所では、新人乗務員から高速バス「ごかせ号」などを運行するベテラン乗務員まで、全員がおおむね1カ月に一度程度の割合で、上祝子線の運転を担当するローテーションだった。「延岡の運転手は、みんな上祝子線で鍛えられる」との乗務員の言葉もあるほどだった。

上祝子線の当時の運行本数は、平日に2・5往復、土・日曜・祝日は全便運休。朝の祝子川温泉への便だけは回送で、延岡から1時間以上かけて空車で祝子川沿いを登っていた。しかしながら、折り返す便に、祝子や上祝子など上流部の集落から乗車する乗客はほとんどおらず、バスは実車ながらも空車状態のままで、再び下ってゆくことも多かったという。

この路線で日常的に利用者があったのは、延岡の市街から「六首《むくび》」までで、終点の「祝子川温泉」を目指す温泉客は、ほとんどいなかった。そのため、2022（令和4）年2月からは、バスの運行は「六首」までとなり、ハイライトであるその先の狭隘区間の運行は廃止され、現在は予約型タクシーが導入されている。

ガードレールまでわずか数十センチの壮絶な狭隘区間へ

「六首」から先、渓谷の秘境区間に入ると、にわかに道幅が狭くなり、車窓風景は急変する。バスは日中でもヘッドライトをつけて運行することもあるほどの、深く暗い谷底の道をひたすら走る。「六首」から「下祝子」に至るまでの30分間、距離にして13〜14キロの間には、途中に2カ所のバス停があるものの、人家らしきものは1軒も見あたらない。

途中、川の対岸に屋根と外壁が崩れ落ちて、骨組みがむき出しになったままの水力発電所の廃墟が、車窓から見られた。祝子川は、高千穂渓谷などを流れる宮崎県屈指の大河・五ヶ瀬川水系の川で、祝子ダムに属する祝子第二発電所ほか、現在もいくつかの発電設備が設けられている。古くから延岡の工業地帯で消費する電力を供給する、水力発電の河川だ。

祝子川の上流域に入って来ると、河原には巨大な岩が目立ち始め、中にはバスよりも大きいのではないかと思えるようなサイズの岩が転がっている。対向車が来てしまった場合には、どちらかが退避可能な場所まで延々とバックしなければ、離合は不可能だった。

祝子ダムは洪水による災害の防止、下流部の水田への農業用水の供給、そして発電と工業用水の確保という、多目的な役割をもったダムだ。バスはようやく狭隘区間を抜けてダム湖の湖畔を走り、目の前に迫る大崩山の姿が次第に近づいてくる。九州の山では珍しく、花崗岩の岩峰をもつ荒々しい眺めの山で、広い岩肌が随所にあり、ロッククライマーに人気がある。祝子川渓谷と合わせて、九州最後の秘境との呼び声も高い景勝だ。

祝子ダムを過ぎると、沿道には民家が点在し始め、ようやく車窓に生活感のある風景が戻ってくる。終点の祝子川温泉は鄙びた秘湯かと思いきや、山小屋風の建物に塔屋が供えられた外観が特徴。美人の湯として知られ、大崩山などへの登山口でもある。

第3章

悪路

道中の半分以上が森の中のオフロード!?

道北バス　銀泉台線

【北海道上川町】

DATA
●開設年　2002(平成14)年
●総距離(片道)　28・4km
●所要時間(片道)　1時間

日本で一番早く紅葉が訪れると謳っている紅葉の名所、銀泉台《ぎんせんだい》。大雪山系赤岳《あかだけ》への登山口でもあるこの場所へ通じているバスが、北海道旭川市に本社を置く道北バスの銀泉台線だ。大雪山系登山の拠点となる層雲峡《そううんきょう》温泉の層雲峡ホステルを始発とし、銀泉台までをつなぐ片道約1時間の行程。運行期間は登山シーズンに限定されており、2022(令和4)年は7月1日から9月末までの運行だ。

幻となった大雪山を貫く縦貫道計画があった

運行期間中でも、便数はわずかに1日2往復。層雲峡ホステル発の第1便は、早朝に出発する。まず走行するのは、網走市と旭川市をつなぐ国道39号だ。層雲峡にたどり着くには国道39号を通るしかないため、まさに生命線といえる道である。途中の銀河トンネル（約3388メートル）は、昭和末期まで多発していた沿線での落石事故の対策として、1995（平成7）年に完成したトンネルだ。近隣にある銀河の滝にちなんで命名され、ロマンチックな名を冠しているが、層雲峡周辺がかつて、いかに険しい場所であったかを物語るトンネルなのだ。

さらに、その後の新大函《おおばこ》トンネルを抜けると、やがて見えてくる大雪ダムの手前で国道273号へと、右に折れる。いきなり「樹海トンネル」という神秘的な名前のトンネルが現れるが、この国道273号も標高1139メートルで、道内国道最高地点とされる三国峠を越えるダイナミック路線だ。

ルートのハイライトである未舗装区間はまだ先なのだが、序盤の国道区間でも、なかなかの走り応えである。ダムによってできた人造湖・大雪湖を左手に見ながら進んでいると、バスは道道1162号銀泉台線へと右折する。

道道1162号は通行可能期間が6月下旬から10月上旬まで。1年の大部分が通行止めという4ケタ都道府県道だ。

実は、この道路には「道道212号旭川大雪山層雲峡線」として、旭岳を貫く大雪山縦貫道路計画があった。現在、旭岳を挟んで西側にある道道1160号もその計画の一部であり、両線はかつて、道道212号の名称だったのだ。総延長60キロ超で旭岳をぶち抜く壮大な計画だが、1954（昭和29）年の路線設定から半世紀経っても実現には至らず、世の中がミレニアムに沸く2000（平成12）年12月、現在の形に路線分割が決まり、計画は幻に終わった。道内には、同線のように全通に至らず頓挫となった道道は多いという。大雪山縦貫の夢は、あまりに大き過ぎたということだろう。

さて、道道1162号銀泉台線に入り茶色のゲートをくぐると、早速の砂利道だ。それまでの国道の余韻に浸ったり、夢に終わった縦貫道計画に思いを馳せる暇もない。車内にはタイヤが砂利を踏みしめる音と細かい振動が響いてくる。バス自体は普段見かける車種と変わらないのに、走っている場所は完全なオフロードだ。

まだルートの半分も過ぎていないので、この先の行程に不安がよぎる。道の横を流れていた石狩川支流のホロイシカリ川とも別れ、山中へ。道はうねるようにカーブしながら、勾配を上がって行く。当然ながら、あたり一面は鬱蒼とした森だ。注意を促す「路肩弱し」や「熊出没注意」の標識が、無言でプレッシャーをかけてくる。大雪山国立公園へと向かっていくこの道沿いには、民家は皆無。人の気配がまったくない砂利道を、バスはひた

悪路とはいえ、ところどころに離合ポイントはある

シラカバが密集する北海道らしい風景の中を駆け抜ける

すら突き進んでいくのである。

そして、停車することもない。というのも、総距離30キロに迫る路線だが、バス停数は始点と終点を合わせてわずかに3つ。しかも、もう一つのバス停である「層雲峡ターミナル」は、出発から2分程度で立ち寄ってしまっている。つまり、ルートの9割以上を停車の素振りなく走り切り、実質的に始発から終点をつないでいるのである。

そもそも、このバスは登山口である銀泉台に向かうのが目的だ。バスを利用する登山者の拠点も層雲峡しかない。生活路線の意味は持っていないため、始発と終点をつなぐだけで十分に役目を果たせるのである。

バス停がなく停車しないうえ、周囲の景色はとにかく緑。車窓の外は単調極まりないのだが、足元からは砂利道の走行音が伝わってくる。日本を離れ、遠い国の悪路を走るバスに揺られているような気分だ。

通行可能期間が3カ月程度しか設けられていないのもうなずける。冬場ともなれば、完全に雪で閉ざされてしまうだろう。

砂利道を上がった先は標高1500メートルの高台

砂利道に入ってからは景色に変化がないため、時間の感覚も走行距離の感覚もあいまいになってしまう。気づくと、もう最終目的地である銀泉台は目の前だ。バスは緩やかに勾配を上り、標高約１５００メートルにまで達している。大雪湖周辺からのほぼ砂利道を、約８００メートルも上がって来たことになる。

既定のバス時刻上は所要1時間だが、定刻より早く到着することもある。「層雲峡ターミナル」以降は停車がないので、終点到着が定刻前でも関係ないのだ。むしろ、登山客にとっては少しでも早く登り始められるからありがたいのではないか。

「銀泉台」バス停は、登山口の駐車場の一角。それまでの道中とはうって変わって開放的で、到着した達成感もひとしおだ。

この路線は9月中旬から運行形態が変更となる。「層雲峡ホステル」から「レイクサイト」までのシャトルバスと、「レイクサイト」から「銀泉台」までのバスに分かれるのだ。紅葉シーズンは、銀泉台までの狭い道が一般車通行禁止。レイクサイト駐車場に置き、バスで向かう。そのため、「レイクサイト」～「銀泉台」間の運行本数は増便される。

道北バス／銀泉台線MAP

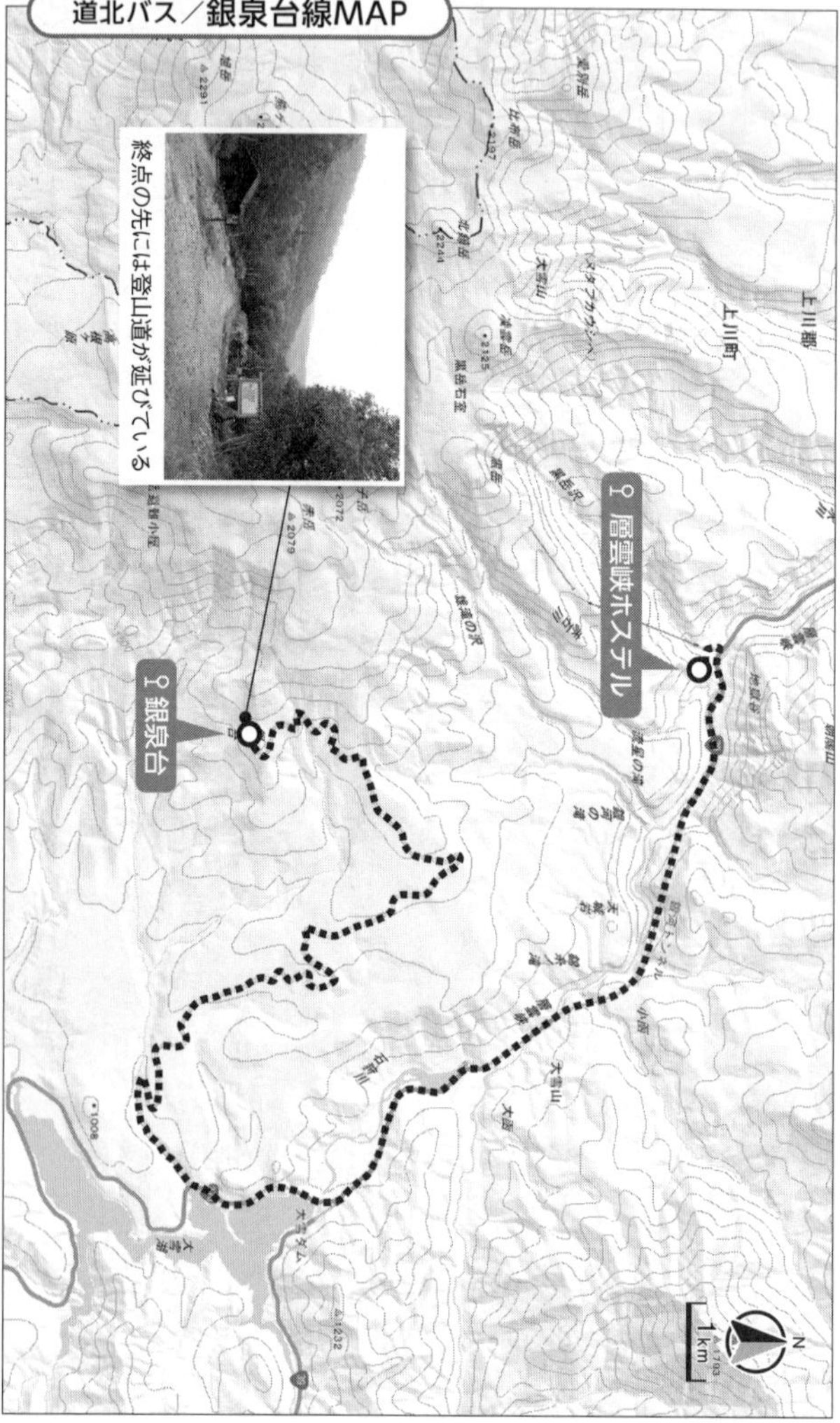

冬季閉鎖の道は断崖絶壁！

小谷村営バス　栂池高原〜雨飾高原線

【長野県小谷村】

DATA

●開設年　2003（平成15）年
●総距離（片道）　25・3km
●所要時間（片道）　1時間5分

長野県の最北西部に位置し、新潟県との県境に接する小谷村《おたり》。標高約1600〜2800メートルの山々に囲まれた急峻な地形だ。村の中央部を姫川が南北に流れ、道路や鉄道はおおむねこの川に沿った低地に整備されている。

小谷村では、2003（平成15）年から、JR大糸線・南小谷駅を中心とする村営バスを運営している。運行は基本的にアルピコ交通への委託だ。現在運行している路線は、運休中の栂池《つがいけ》線（牛方宿《うしかたやど》経由）を除いた4路線。南小谷駅から北上して奉納温泉までを結ぶ土谷線、同じく北上し平岩駅近くの大網に至る北小谷線、南側の栂池高原と南小谷駅を結ぶ栂池高原〜南小谷線、そして、この栂池高原〜雨飾《あまかざり》高原線だ。村営バス路線の中でも最も長く、最も険しい山道を通る路線でもある。

とはいえ、栂池高原のバス停周辺は、ゲレンデを中心としてホテルやロッジなど、宿泊施設が建ち並ぶスキーヤーの拠点であり、道も比較的整備されている。見晴らしのよい高原の景観が楽しめる区間だ。また、千石駅付近から中土駅付近までは、新潟県糸魚川市へ至る国道148号を北上。車窓には険しい谷の景色が広がるが、この道もよく整備されており、走行中に危険を感じるような場面はない。

冬季運休の険しい山道が突如牙を剥く

この路線の最大の山場は、「大凪下《おおなぎ》」バス停の先の区間だ。ここからは、山道を登って雨飾高原へと向かうことになるが、実はこの区間は冬季のみ、積雪の影響を避けるため、完全に運休。冬の間は、すべてのバスが「大凪下」で折り返すことになる。

その理由は、乗車すればわかる。「大凪下」を過ぎ、スノーシェッドを抜けると、急峻かつカーブだらけの山道を登る激しい登坂路になるのだ。道幅も一気に狭くなり、時にはバスの車幅ギリギリの狭隘路に。ガードレールがない箇所も多々あり、10分程度の乗車時間が、手に汗握る恐怖のアトラクション体験へと変貌する。ところどころに待避所や少し道幅が広くなる区間があるので、対向車が来た場合はどちらかがそこまで後退することになる。

雨飾高原の終点付近は、標高およそ900メートル。時には雲の中へと入ってしまい、眼下が雲で真っ白になることもある。右に左にヘアピンカーブを抜けて山肌を駆け上がると、視界が開け、終点バス停の転回場が見えてくる。砂利敷きの広い土地で、停車位置の正面には小さな待合小屋も。バスはそこで一時停車したのち、来た道を折り返してゆく。

冬季運休区間には歴史的な湯宿も閉業となる

雨飾高原は温泉地で、終点の先に少し歩くと、『雨飾荘』という温泉旅館が建っている。毎分240リットルという湧出量を誇り、男湯・女湯ともに源泉掛け流し。2022（令和4）年6月現在は、日帰り入浴の受け付けを休止しているが、露天風呂では眼前に迫る北アルプスの山容を見渡せる。さらに、雨飾荘から山麓方面へ、徒歩2分の位置には雨飾高原露天風呂がある。ブナ林の中にある岩造りの湯で、野湯のような趣だ。

また、バスが通って来た道中にも、小谷温泉の山田旅館という温泉旅館がある。江戸時代に建築された本館をはじめ、木造建築6棟が文化庁の登録有形文化財になっている、歴史ある湯治場だ。しかし、いずれもバスが「大凪下」より先を運休する冬期は閉業している。

栂池高原・雨飾高原線MAP

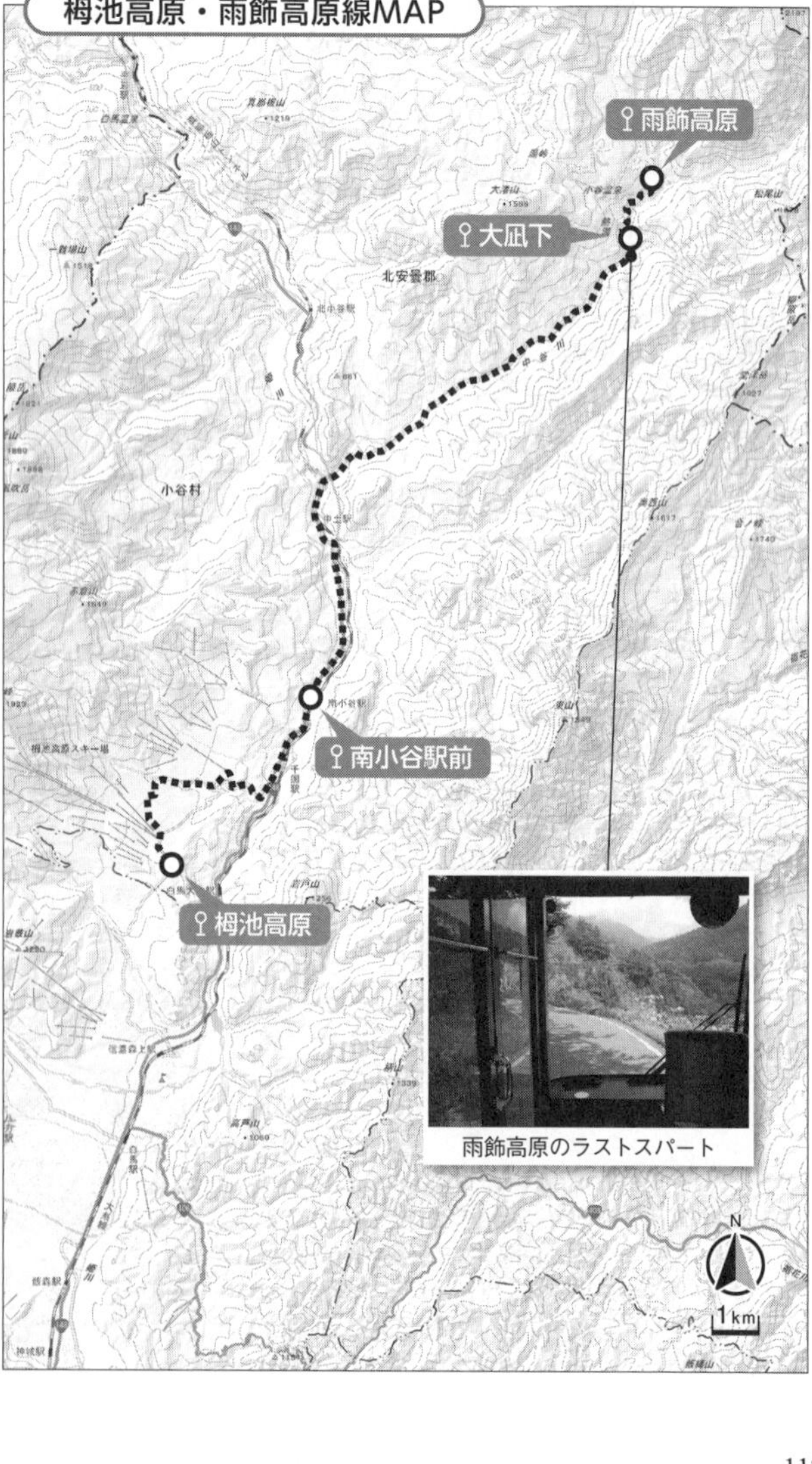

雨飾高原のラストスパート

都のど真ん中だが後半が延々山道

京都バス　花背線（32系統）

【京都府京都市】

DATA
●開設年　1990（平成2）年
●総距離（片道）　39・1km
●所要時間（片道）　1時間53分

京都市左京区にある、京阪電気鉄道、叡山電鉄の出町柳《でまちやなぎ》駅。京都御所の北東の、賀茂川と高野川が合流して鴨川となる位置にある。

この出町柳駅から、2時間近くかけて北上し、京都市最北のバス停まで向かう路線がある。京都バスが運行し、「花背《はなせ》線」の通称で呼ばれる32系統だ。鞍馬よりもさらに奥の、京都市内唯一のスキー場がある広河原《ひろがわら》までを結んでいる。

「酷道」の本気を垣間見る「百井別れ」

出町柳駅前を出たバスはしばらく高野川沿いに北上し、高野橋東詰の信号を左折して、北大路通へ。その後、右折して堀川通に入り、市街地を北上してゆく。このあたりはまだ車窓もほとんど住宅で、一般的な路線バスといったところだ。

鴨川を越えると、ゴルフ場や京都産業大学の敷地を右に見ながら、さらに北上。このあたりから郊外らしい風景になってくる。そして、貴船神社の玄関口となる「貴船口」や、鞍馬寺の山門のすぐ近くにある「鞍馬」バス停あたりからは、山道の様相を呈し始める。

そこから先がいよいよ、花背峠の峠道となる国道477号の区間だ。と、その前に注目して欲しいのが、「酷道」ファンには有名な「百井《もも い》別れ」。バス停名にもなっているこの合流点は、国道477号に沿って走ると、ほとんど180度に折れ曲がっており、車であれば切り返さないと曲がり切れないほどなのだ。幸い、バスはここで府道から合流するため、そのような曲がり方はせずに済むが、一見の価値はある。

さあ、ここから先は酷道の本領発揮だ。狭隘路にヘアピンカーブが連続し、左右は鬱蒼とした林で見通しも悪い。ここからは、まともな直線の道がほとんどなく、常に右に左に車体を振りながら、バスは峠を越えてゆく。

峠の頂点付近には「花背峠」バス停が設置されている。そこからは下り坂で、花背の集落あたりからは視界も開け、道は片側1車線に。「大布施」バス停から先は国道477号からも離れ、終点の広河原へ向かう。

メロディを奏でバスの接近を知らせる

広河原には穴場の小規模なスキー場があるのみ。バスはこの少し手前で停車し、折り返して来た道を戻ってゆく。花背線は土・日・祝日でも3往復しかなく、そのうち1便は冬季は運休。丹波高地は豪雪地帯で、先に触れた花背峠も冬は積雪しているため、バスも途中でチェーンを装着しての運行となる。雪があるため普段よりも道幅は狭く感じられ、よりスリリングな乗車体験になるだろう。

また、花背線にはもう一つの特徴がある。それは「メロディバス」としても知られているということ。「鞍馬温泉」バス停から「広河原」バス停間は自由乗降区間で、バスの接近を知らせるため、メロディを流しながら走行しているのだ。使われている曲は「グリーンスリーブス」と「アニーローリー」の2種類で、向かう方向によって使い分けられている。京都バスで自由乗降区間があるのは、この花背線と19系統の「大原」〜「小出石《こでいし》」の区間のみ。峠道で急坂・狭隘路に慄《おのの》く中、流れる音楽に耳を傾けてみると、一抹の癒やしになるかもしれない。

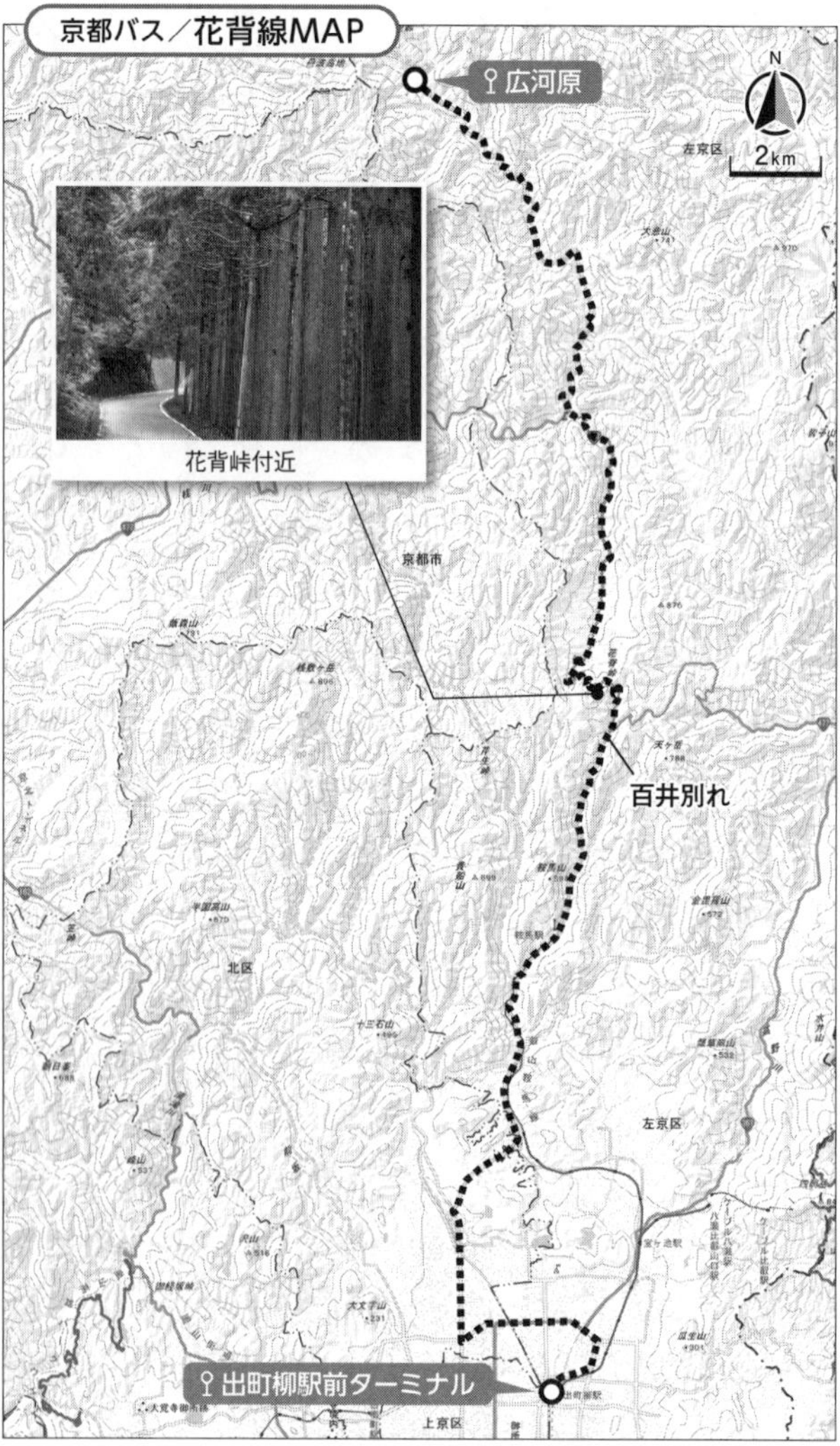
京都バス／花背線MAP
広河原
N
2km
左京区
京都市
百井別れ
北区
左京区
上京区
出町柳駅前ターミナル
花背峠付近

今はなきレジェンド路線

ゴツゴツのワイルドトンネル12連発！

新潟交通観光バス
津川駅前～鹿瀬～日出谷線

【新潟県阿賀町】

DATA
●開設年　不明
※2020（令和2）年3月廃止
●総距離（片道）　17・8㎞
●所要時間（片道）　45分

新潟県東部の阿賀町。町の中央を阿賀野川が流れ、飯豊山《いいでさん》塊、越後山脈など、急峻な山岳地帯に囲まれた山間地域だ。

津川駅前～鹿瀬《かのせ》～日出谷《ひでや》線はその名の通り、JR磐越西線が通る津川駅と日出谷駅を結ぶもので、S字状に曲がりくねって阿賀野川沿いを走る国道459号をたどり、鹿瀬地域を経由していた。見晴らしのよい山あいに走る阿賀野川の風光明媚な景観と、後述するトンネル群を楽しめる路線だったが、新潟交通観光の乗務員不足や利用者減少といった理由で、残念ながら、2020（令和2）年3月末をもって路線廃止となった。

代替といえるのは、阿賀町が運行している「鹿瀬コミュニティバス」。路線バス廃止直後の2020（令和2）年4月1日から運行が始まり、おおむね同じルートを通って津川駅から鹿瀬地域、そして日出谷駅、豊実《とよみ》駅までをつないでいる。利用は無料だ。

次々と姿をあらわす12のトンネル・橋梁群

この路線の見どころは、和風月名が付けられた12のトンネル・橋梁群だった。

バスが通る国道459号の角神～日出谷間にある12のトンネル・橋梁群には、順に睦月、如月、弥生……といったように、旧暦の月の古称が名付けられている。まずは短い「睦月橋」を渡ると、その直後に「如月トンネル」。その後、スノーシェッドでつながった「弥生トンネル」「卯月トンネル」を通過する。その後は、一旦空が開けて、短い橋梁の「皐月橋」。その後は、スノーシェッドの「水無月トンネル」、そして「文月トンネル」「葉月トンネル」を抜け、「長月橋」を渡ると、さらに「神無月トンネル」「霜月トンネル」が現れる。そして、最後に「師走トンネル」を抜ければ、日出谷駅は目前だ。

国道ではあまり見ることのない、素掘りのコンクリート吹き付けのトンネルは圧巻。その荒々しい見た目に加え、内部も狭く薄暗く、大型車同士のすれ違いはほぼ不可能。実は「酷道」ファンには有名なスポットなのだ。車窓からは阿賀野川の流れる景色も見られるが、次々とやって来る狭くいかつい見た目のトンネルに、心が休まる暇もない。

改良事業が進められ〝最恐〟トンネルも今は昔

特に「文月トンネル」はバス1台がギリギリ入れるほどの広さしかない強烈なトンネルだったのだが、2020（令和2）年から大規模な改良工事が始まり、合計8カ月におよぶ通行止めの末、近代的な楕円形のトンネルに生まれ変わった。5m未満だった幅員は6・5mと大幅に広がり、さらにその両脇には監査廊（管理用通路）もあるため、体感ではさらに広い。和風月名トンネル群のうちでも最も狭く、視界も悪かった「文月トンネル」が、今ではまったくの別物と言っていいほどに変貌を遂げている。

終点の日出谷駅は、周辺に商店などが数軒あるのみの無人駅。津川駅も日出谷駅も同じ磐越西線で、この間の移動ならば特にバスを使う必要はない。主に角神温泉などがある鹿瀬地域への輸送を担っていた路線であったが、それだけではやはり、消えゆく運命だったのだろう。

新潟交通観光バス／津川駅前～鹿瀬～日出谷線MAP

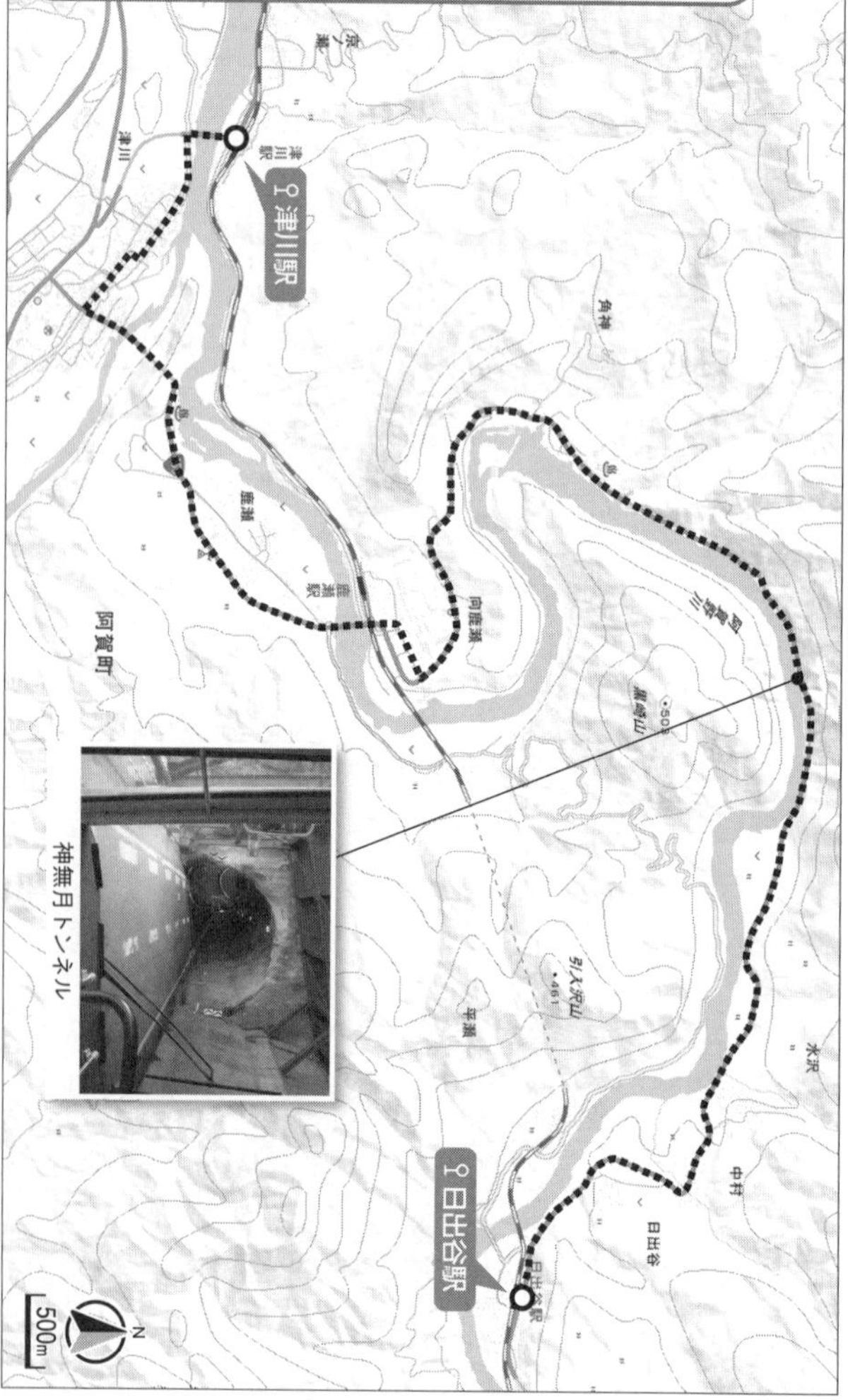

車体がはみ出すヘアピンの連続

神奈川中央交通　秦21

［神奈川県秦野市］

DATA
●開設年　不明
●総距離（片道）　13km
●所要時間（片道）　38分

ヘアピンカーブの連続、切り立つ崖に挟まれた狭隘路、急激な勾配……。都内から1時間もかからないアクセスで、まさに山道のあらゆる要素をアトラクションのように楽しめる路線バスがある。小田急電鉄秦野《はだの》駅から「ヤビツ峠」行きの秦21系統だ。

まるで峠攻めのようなヘアピンの連続

秦野駅から出発したバスは市街地を抜け、徐々に郊外へ。山道は秦野駅から20個目のバス停「蓑毛《みのげ》」からで、この先のバス停は「菜の花台」「表丹沢林道入口」、そして終点の「ヤビツ峠」の3つのみだ。この区間で約30分を要する。

山道に入ると、「ここからカーブが多くなります」とアナウンスがあるや否や、急なヘアピンカーブの連続となる。しばらくは片側1車線道路だが、途中からはセンターラインが消え、時速30キロ制限に。「急カーブ注意」の標識が増え、一気に秘境らしい光景になる。「菜の花台」バス停では、Uターンに近いカーブがあり、なんと、その湾曲の頂点にバス停が設置されている。

「菜の花台」を過ぎると、道は狭くなったり少し広くなったりを繰り返し、両側に崖という山道らしい光景が続きながら、標高を稼いでゆく。次の「表丹沢林道入口」バス停では、林道への入り口が分岐している。しかし、この林道は森林の管理のためのもので、自転車も含め一般車両の通行は禁止。入り口にも柵が付けられ、基本的に通行できない。

終点の「ヤビツ峠」バス停には小さな転回場があり、バスはそこで方向を変え、折り返して秦野駅へと戻る便となる。周辺には駐車場と公衆トイレ、そして小さい売店があるのみだったが、２０２１（令和３）年3月に「ヤビツ峠レストハウス」がオープンした。

冬季は路面凍結などの影響を受けることが多く、安全が確保できない場合は部分運休となることもある。そのような場合の多くは、本格的な山道になる直前の「蓑毛」バス停で折り返しとなるので、注意が必要だ。

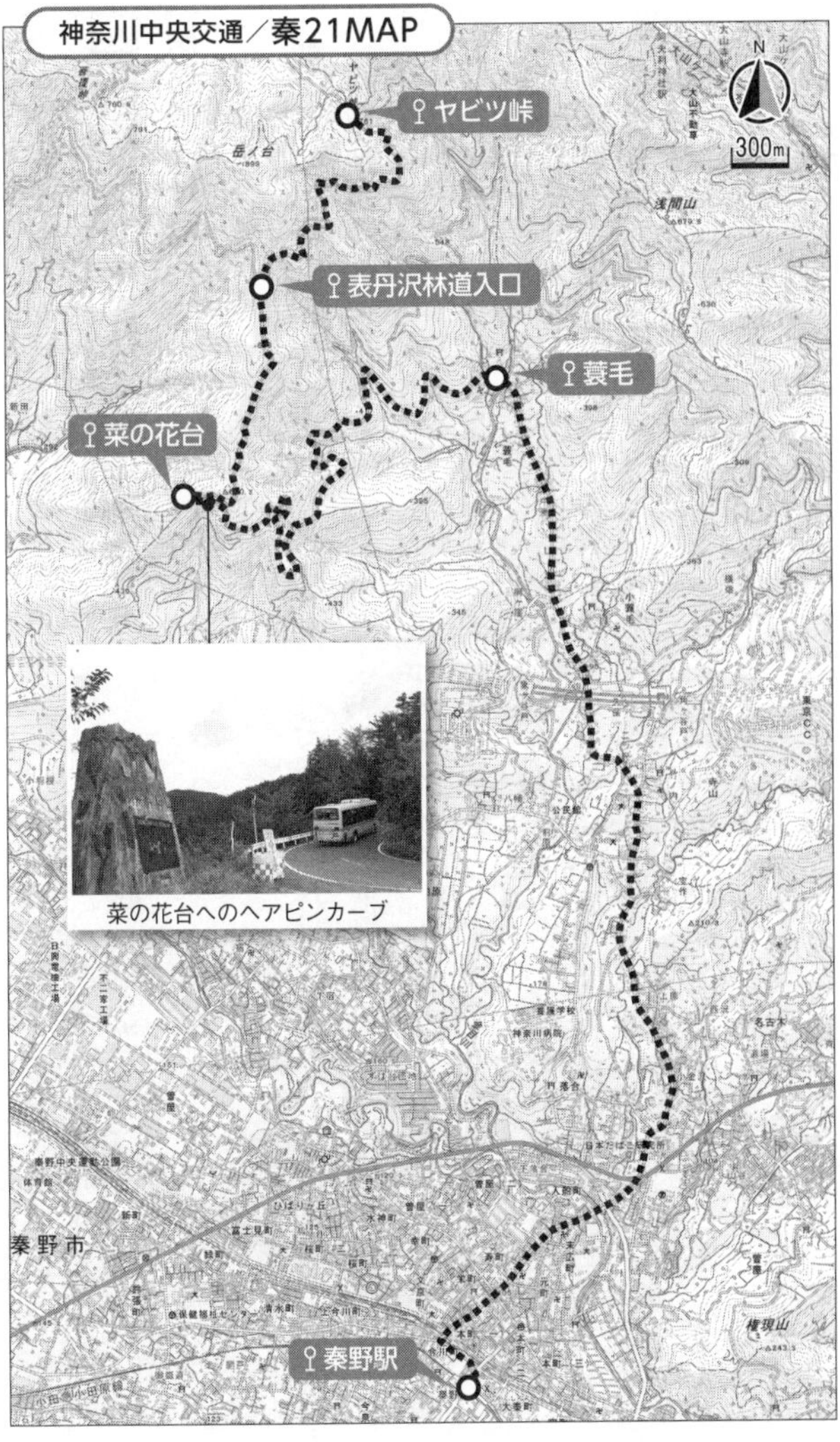

菜の花台へのヘアピンカーブ

これぞまさに「四国最恐酷道」

四国交通　祖谷線

【徳島県三好市】

DATA
●開設年　不明
●総距離（片道）　54・2km
●所要時間（片道）　1時間51分

祖谷《いや》線は四国交通が擁する最長路線かつ、その区間のほとんどで険しい山道を走る。起点は阿波池田バスターミナル。ここから南下し、JR阿波川口駅、大歩危《おおぼけ》峡を経由し、祖谷渓の山中にある「久保」バス停まで至る系統と、大歩危峡から分岐し、「ホテル祖谷温泉」バス停経由で「かずら橋夢舞台」バス停までをつなぐ支線系統がある。

以前は、JR祖谷口駅から分岐し、祖谷渓を貫く県道32号を通って、かずら橋に至る「出合経由」という系統が存在しており、そちらの道も秘境感あふれる狭隘路線だったのだが、残念ながら、2018（平成30）年のダイヤ改正で「出合」から「かずら橋」までの区間が廃止となってしまった。それに伴い、この系統を「出合線」と名称変更している。

さて、祖谷渓とは吉野川支流の祖谷川流域に約10キロにわたり形成された渓谷で、深いV字谷の地形が特徴的な深山幽谷だ。日本でも有数の秘境として知られており、多くの観光客が集まっている。荒々しい渓谷美を楽しめる大歩危小歩危《こぼけ》、この地に伝わる平家の落人伝説についての資料を展示する平家屋敷民俗資料館、日本三大奇橋の一つとされる「かずら橋」など、祖谷線も施設や観光地を経由してゆく。

その道中のほとんどが渓谷沿いで、崖に張り付くように進む。大歩危駅までは片側１車線の比較的整備された道が続くが、ところどころ狭い脇道にそれ、カーブが続く。

「酷道」の恐怖に慄《おのの》くことになる山岳区間

祖谷線の本格的な山岳路線区間は、大歩危駅を越え、東の剣山《つるぎさん》方面へと向かい、祖谷川の流域に入ってからだ。ヘアピンカーブの続く山道を上り、みるみる標高を稼ぐ。「かずら橋」に着くころには、ひとしきり山岳路線らしさを体感できるが、本番はここからだ。「栃ノ瀬」バス停を過ぎた辺りで左折し、ここまで通って来た県道32号に別れを告げる。ここからは国道４３９号に入るのだが、これがなぜか、先ほどにも増して険しく、カーブも急になってくる。この国道４３９号はその路面の悪さや険しさで名を馳せるトップクラスの「酷道」なのだ。特に剣山周辺は過酷な道路状況となっており、いわゆる酷道ファンの間ではダントツの知名度を誇る道。その番号から、「ヨサク」という愛称で呼ばれている。

しかし、近年はそんな酷道も改良が進んでいる。東祖谷地域ではトンネルや拡幅の工事が進んでおり、祖谷線も通る区間である「落合工区」が2022（令和4）年3月5日に開通した。これにより、工区の総延長は2400メートルから1900メートルに、かかる時間も6分短縮されたという。今後も整備・改良が進んでゆくだろう。

剣山登山口へさらなる悪路をゆく市営バス

終点「久保」バス停は、そんな国道の狭隘路まっただ中に形成された集落の中にある。バス1台分が限界の狭い道の脇に小さな車庫があり、バスはここで転回。駐車場に屋根が建てられたのみの簡素なもので、この終点から折り返して、阿波池田方面に戻ってゆく。

ゴールデンウィークや7月上旬〜8月下旬、紅葉の時期には、終点のさらに先、見ノ越までバスに乗り継げる。「ぐるっと剣山登山バス」という、登山客向けの市営のバスだ。車両は基本マイクロになるが、「久保」の先も衝撃的な「酷道」が待ち構えている。

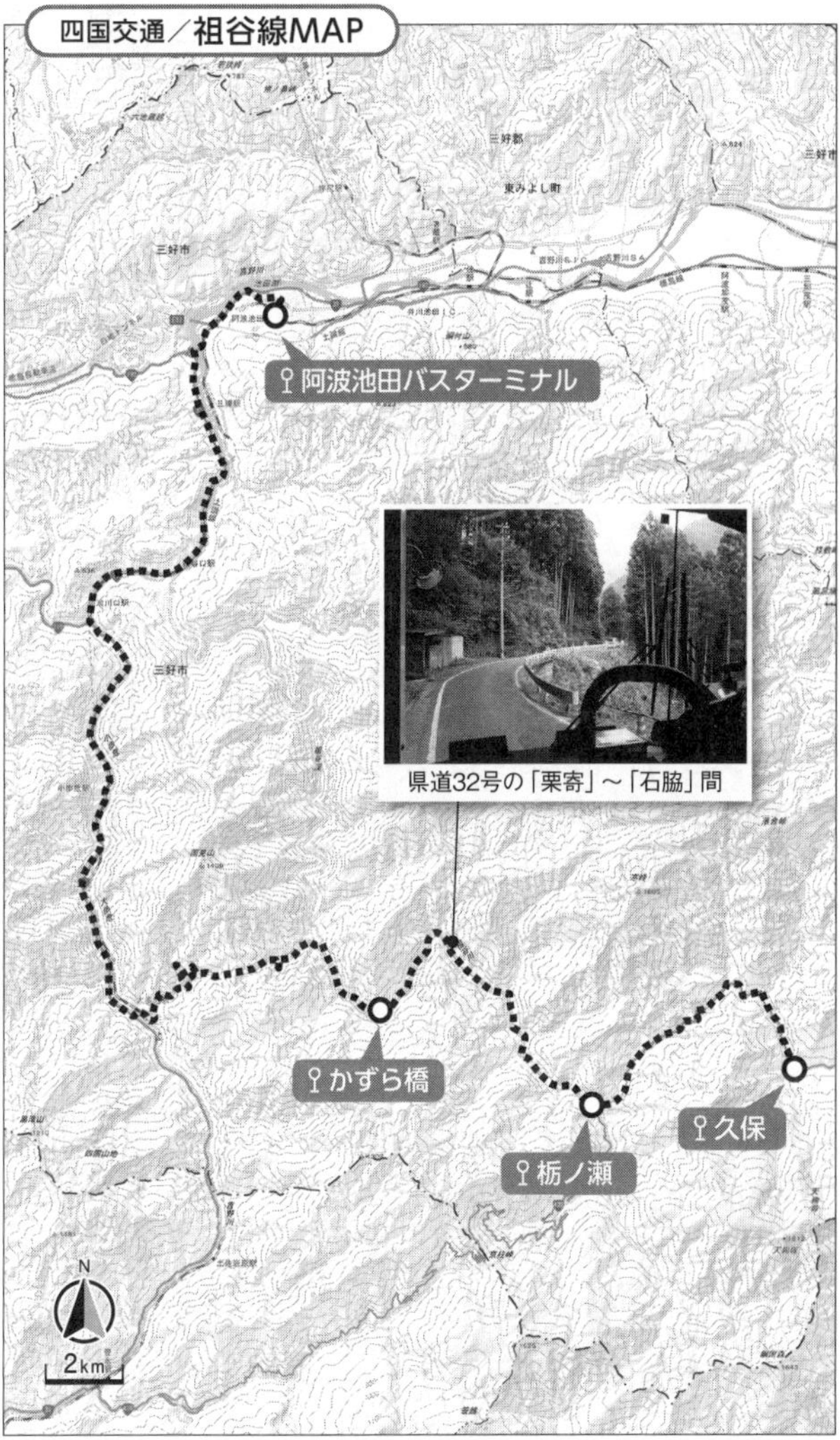
四国交通／祖谷線MAP
阿波池田バスターミナル
県道32号の「栗寄」～「石脇」間
かずら橋
栃ノ瀬
久保
三好市
三好郡
東みよし町
N
2km

「これでも国道？」と疑問が生じるエンディング

津市コミュニティバス　美杉東ルート

［三重県津市］

DATA

●開設年　2021（令和3）年
●総距離（片道）　31・3km
●所要時間（片道）　1時間7分

三重県の県庁所在地である津市の中心部は、東に伊勢湾を望む沿岸地域にある。津市は南北に長く伸びており、中心部から南西に下った山間部に、旧白山町や旧美杉村（現・津市白山町・津市美杉町など）は位置している。

1992（平成4）年、近鉄名古屋線久居《ひさい》駅から伸びていた三重交通多気《たき》線の竹原以遠が分離し、旧美杉村の村営バスとして運行を開始した。やがて、美杉村は津市と合併。バス路線は竹原よりもさらに北に延伸して、白山地域までが結ばれ、この路線は津市コミュニティバス美杉地域丹生俣《にゅうのまた》ルートとして運行した。2021（令和3）年4月にはルートとダイヤを改正。美杉東ルートへと名称を変えた。

超狭隘道路をコミュニティバスが行く

「マックスバリュ川口店」から「一志病院」のあたりまでは、白山地域を巡るコミュニティバスのルートも通っていて、「一志病院」ではほかのルートに乗り換えることも可能だ。右手に雲出川やJR名松《めいしょう》線を見ながら、バスは南下する。JR名松線の伊勢竹原駅の一つ手前の「竹原」バス停は、市町村合併の前は、旧美杉村村営バスの起終点だった。以前は、ここまで三重交通の多気線が通っていたが、2021（令和3）年4月より、井関～竹原間が廃止に。現在、このバス停を利用するのはコミュニティバスだけだ。

バスルートは君ヶ野ダムに向けて登り坂になっている。四季折々の自然の景観が見事な君ヶ野ダム公園を通過し、八手俣《はてまた》川に沿うように走り続け、やがて下之川の集落へ至る。「中津」バス停から「野登瀬」バス停までの区間は八手俣川が道路にググッと迫るポイントだ。反対側には山の斜面が近づき、小型バスでも道幅いっぱいとなる。場所によってはガードレールがないところもあり、かなりスリリングな道となっているのだ。

終点まで非常に狭い「酷道」が続く

下多気や上多気の集落を通過すると、国道422号と国道368号、県道30号が交わる上多気交差点へとやって来る。以前は「上多気交差点」という一つのバス停だったが、2021（令和3）年4月の改正時に「上多気交差点南」と「上多気交差点西」の二つに。停車位置が離れていて、経由ルートや系統も異なるためだ。「丹生俣」行きは「上多気交差点南」を、「伊勢奥津駅前」行きは「上多気交差点西」のバス停を利用する。

「伊勢奥津駅前」行きは、上多気交差点を西へ向かう。しばらくは集落がないが、伊勢奥津駅近くで「美杉小学校前」などに停車し、終点へと到着する。一方、「丹生俣」行きは上多気交差点をそのまま直進、国道422号を南下することになる。この道は国道だがとても狭い。丹生俣の集落の先は庄司峠という松阪市との市境になるが、未開通で車両走行が不可能なため、丹生俣方面への交通量は非常に少ない。いくつか集落があり、バス停もあるが、「平生」のあたりなどは非常に道幅の狭い区間となっている。

上多気交差点から10分弱、終点の「丹生俣」へ到着する。終点には、コミュニティバスには不釣り合いな大きな車庫がある。三重交通時代からのものが今も現役だ。

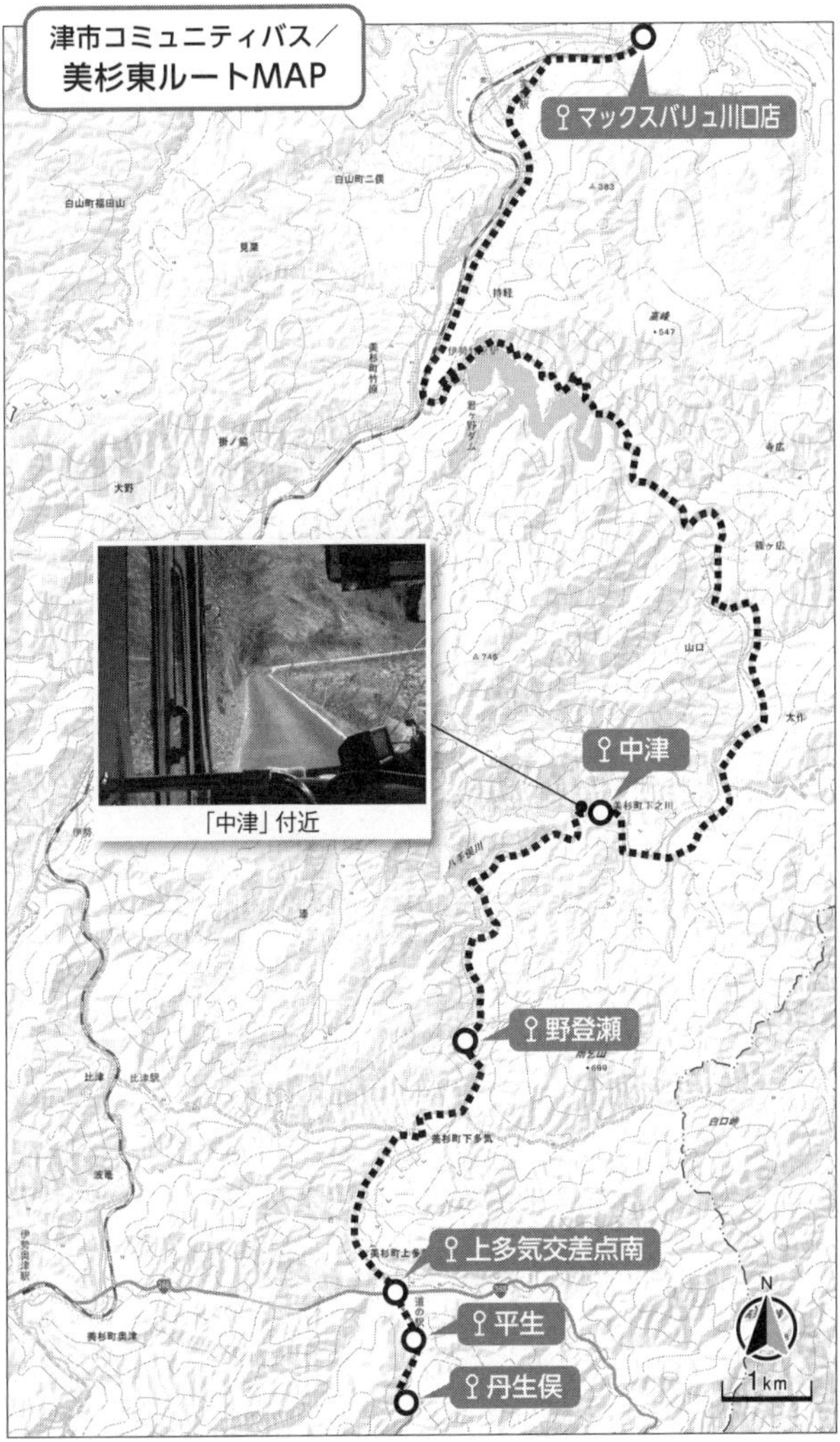
津市コミュニティバス／
美杉東ルートMAP
マックスバリュ川口店
白山町二俣
白山町福田山
持経
大野
山口
中津
美杉町下之川
野登瀬
比津
比津駅
美杉町下多気
上多気交差点南
美杉町奥津
平生
丹生俣
N
1km
「中津」付近

第4章

長大

日本最長路線。バス停168、片道6時間超！

奈良交通　八木新宮線

【奈良県橿原市〜和歌山県新宮市】

DATA

●開設年　1963（昭和38）年
●総距離（片道）　169・8㎞
●所要時間（片道）　6時間30分

日本バス協会の資料によると、2018（平成30）年時点の国内の路線バス事業者数は2200社を超える。そんな数多のバス事業者が運行する路線バスの中で、〝キング・オブ・路線バス〟としてふさわしいのが、奈良交通が運行する八木新宮線だ。

総距離約169・8キロは、高速道路を使用しない、一般道のみを走る路線バスとしてはダントツの日本一。6時間半にもわたる走行時間で、停車する停留所数は実に168もある。走行距離だけでなく、バス停数、走行時間も日本一。走行ルートは奈良県と和歌山県をまたぎ、経由する市区町村は奈良県側が橿原《かしはら》市、大和高田市、葛城《かつらぎ》市、御所《こせ》市、五條市と十津川《とつかわ》村、和歌山県側は田辺市と新宮市で、計8つにものぼる。まさしく、他の追随を許さない最強の長大路線といって過言ではないだろう。

八木新宮線の開通は1963（昭和38）年に遡る。紀伊半島を縦断する国道168号が、1959（昭和34）年に奈良・和歌山県境付近の改良工事を終え、当時計画された全線で自動車の通行が可能となり、八木新宮線が開通することになった。

運行当初は、奈良交通と和歌山県の熊野交通の2社による共同運行。奈良から新宮への直行便は1日3往復あったが、そのうち奈良交通が担当する2往復については、奈良県側の起点・終点が奈良市の東大寺近辺の「奈良大仏前」であったため、総距離は現在よりも大幅に長い約196キロもあった。当然、走行時間もその分長く、片道約8時間！　当時を知る人からは、「現在の八木新宮線はずいぶん短くなった」と言われてしまいそうである。

高度経済成長とともに八木新宮線の利用客は増加するが、運行地域の過疎化やモータリゼーションの波によって、次第に乗客が減少。1983（昭和58）年に、現在の発着である大和八木駅に変更された。

さらに、熊野交通が八木新宮線から撤退。奈良交通の単独運行となり、現在に至っている。一時は存続が危ぶまれたこともあったが、自治体の補助もあって、現在も継続されているのである。

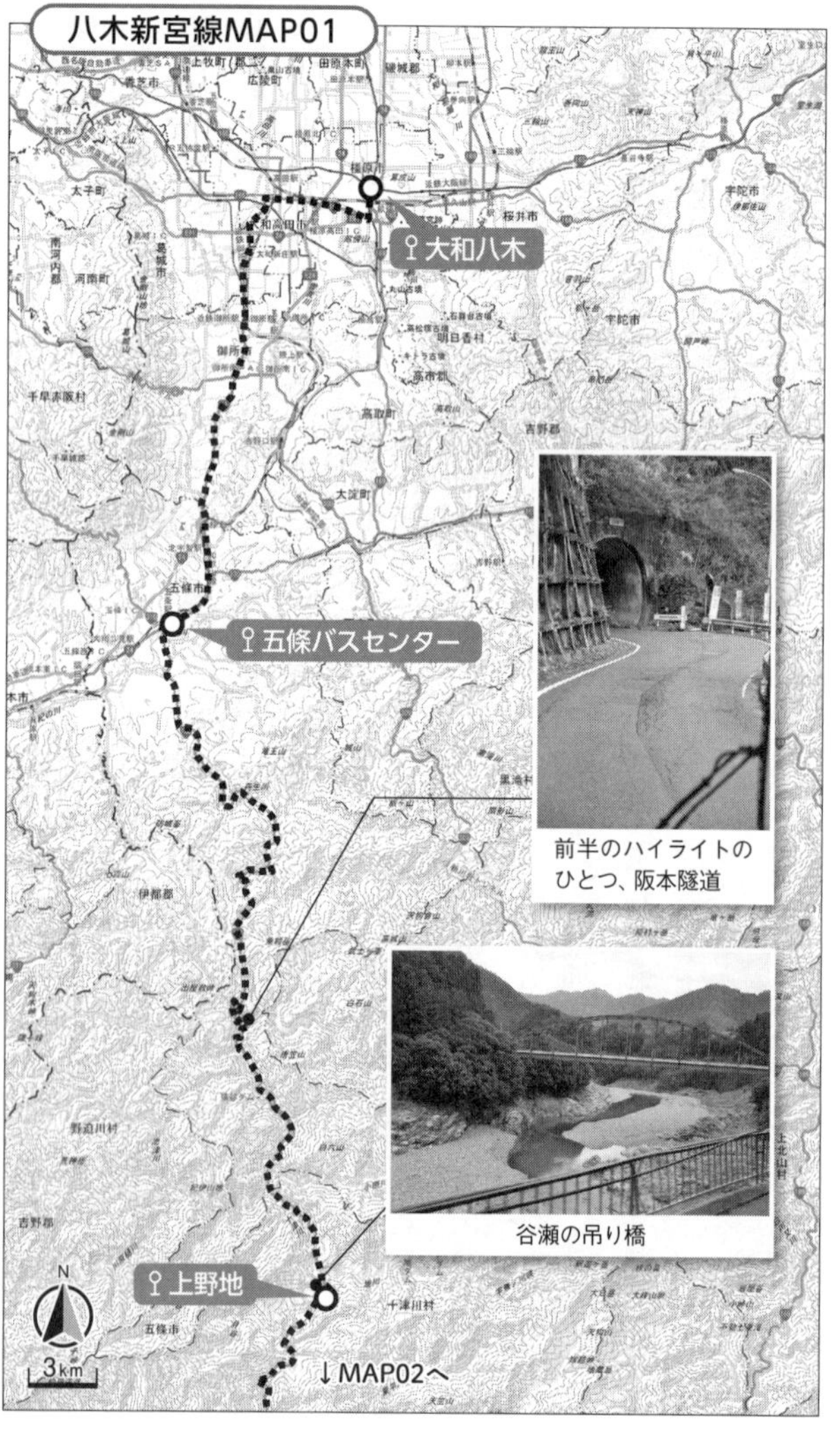

前半のハイライトのひとつ、阪本隧道

谷瀬の吊り橋

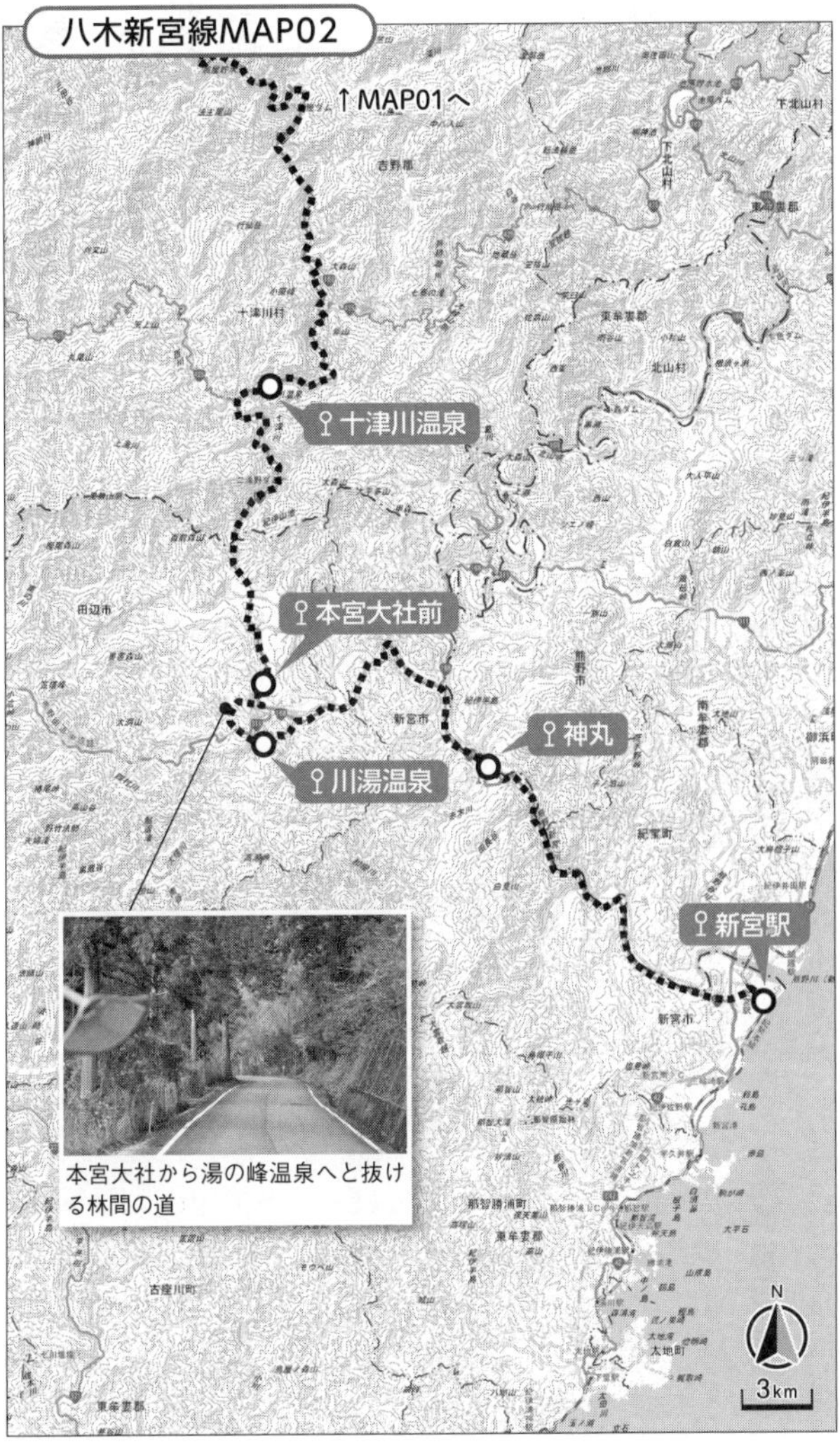

本宮大社から湯の峰温泉へと抜ける林間の道

紀伊山地の奥へ奥へと向かい秘境・十津川へ

160キロ以上も走行するのだから、沿線には見どころも多い。天辻《てんつじ》峠や十津川温泉、湯の峰温泉といった観光スポットでは、車内音声で案内してくれるのだ。山深い紀伊山地を貫くのだから、もちろん迫力の走行区間も目白押し。バス1台がやっとの道幅しかないヘアピンカーブや、すれ違い困難な狭隘区間があり、道のりは実に過酷だ。旅情あふれ、迫力も十分とくれば、6時間超の乗車時間でも退屈する暇はない。

地元住民の生活路線であると同時に、観光路線でもあるのが八木新宮線。奈良県側から新宮市へ向かうバスは、大阪や京都とつながる列車が発着する橿原市の玄関口・近鉄大和八木駅を出発する。市街地を走行中は、小刻みにバス停に停車。所要20分ほどで隣の大和高田市に入る。さらに、葛城市、御所市と市をまたいで行く。バス停も次々現れるが、市境越えもなかなか慌ただしい。

五條市のショッピングセンター併設の「五條バスセンター」に到着するのは、出発から約1時間15分後。だが、バス停数で数えればまだ4分の1程度で、ルート序盤に過ぎない。五條バスセンターでは10分間の休憩が入る。6時間もの長丁場だが、バスにトイレは設置

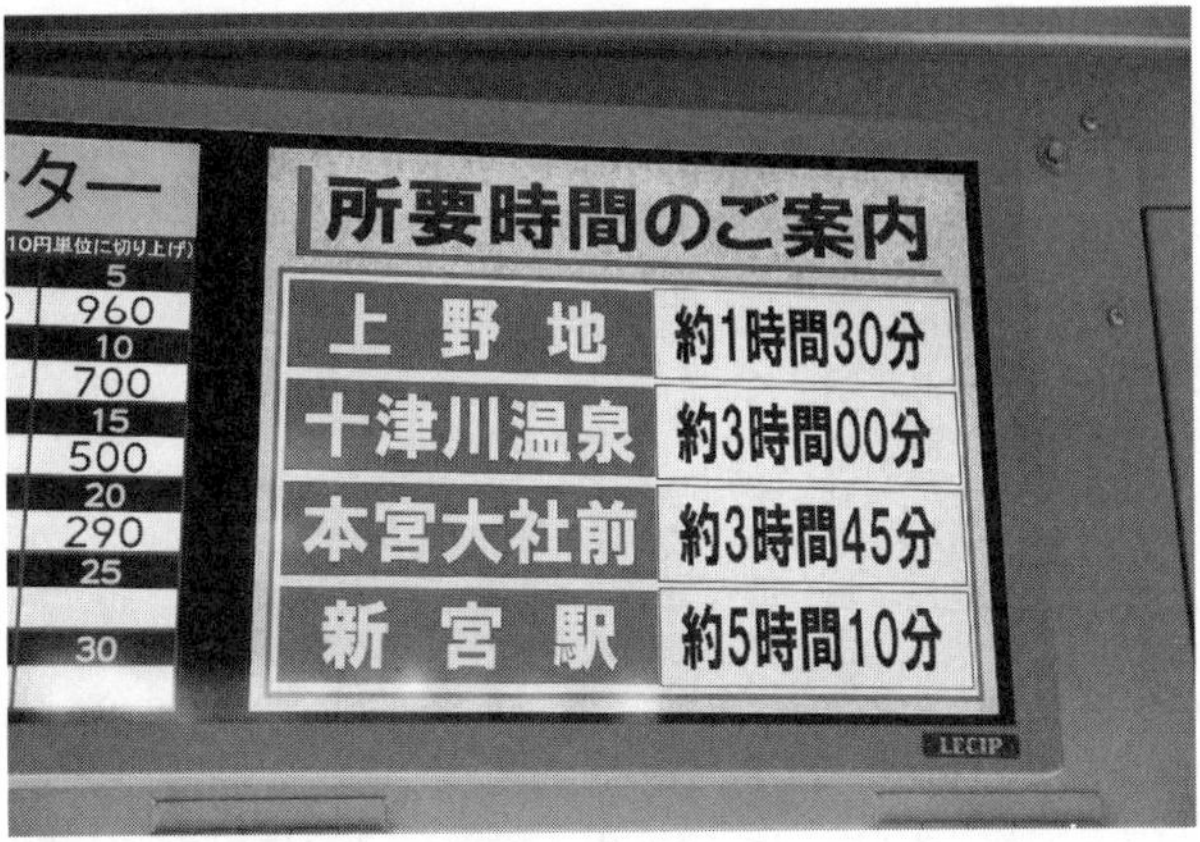

五條バスセンター付近にて。まだまだ先は長い

されていないため、八木新宮線では片道運行中に3回、休憩するのだ。五條バスセンターはその1回目なのである。

態勢を整え直して、出発。バスは紀伊山地を縦断する国道168号に入る。吉野川に架かる大川橋を渡り、奈良県最南端に位置する日本最大の村・十津川村を目指して、ひたすら南下するのだ。そして、沿道の景色は徐々に山深くなってくる。

2回目の休憩地である十津川村内の「上野《うえの》地《じ》」までは3時間10分ほどを要するが、「上野地」到着までの道のりは、緊迫の悪路が詰め込まれた区間。八木新宮線が本領をいよいよ発揮してくる。

「下永谷」を過ぎると、天辻峠が近づいてくる。標高約800メートルの険しい峠で、現在は、国道168号となった西熊野街道の最難所だ。バスは新天辻隧道に突入。1959（昭和34）年にこのトンネルが開通したことで、十津川村へのアクセスが飛躍的に改善されたのだ。ただ、完成から60年以上という年季の入ったこのトンネルは、狭い上に天井高が低く、圧迫感が強い。対向車をやり過ごすのも難しい狭隘トンネルで、「もし中で大型車と出くわしたら」と思うと息が詰まる。

その後も狭隘山道が続き、緊張しっぱなしの峠越え。これでもまだ、全行程の半分ほどにしか到達していないのだ。また、天ノ川を渡った先の阪本隧道は、新宮側から来ると、急カーブを曲がった直後に入り口が現れるという、ジェットコースターのようなトンネルで、新宮方面からのバスでは見どころのひとつだ。

やがて到着する「上野地」では、休憩時間が20分ある。ここでは休憩時間を有効活用して、谷瀬の吊り橋を見ておきたい。上野地と十津川を挟んだ谷瀬を結ぶ、日本有数の長さを誇る鉄線の吊り橋だ。長さ297メートル、高さは54メートルと、さながら空中散歩の気分だが、一歩進むたびにゆらゆらと揺れ、足がすくむこと間違いなし。もともとは生活用に架けられた橋だが、そのスケールやスリルが話題を呼び、今では、十津川村随一の人気スポットとなっている。「上野地」バス停から歩いて行けるが、渡る場合は休憩時間中にバスに戻るよう、くれぐれもご注意を。

長旅の疲れを癒やしたいなら温泉で途中下車を

吊り橋でスリルを味わったら、バス旅が再開だ。しばらくは、十津川に沿って曲がりくねった道を進む。通過したバス停も100を超えてきた。行程は中盤から後半に差しかかる。「大和八木駅」を出発してかれこれ約4時間半、最後の休憩場所となる十津川バスセンターのある「十津川温泉」にバスは滑り込む。休憩時間は10分。あまりのんびりしていられないが、バスセンターには源泉かけ流しの足湯が設置されている。村内には、道の駅や地区の交流センターなどに足湯があるのだが、バスセンターの足湯は村内五つ目。長旅の疲れを回復させるにはちょうどいい手軽さだ。

この先、県境までは十津川温泉地を走って行く。余裕があれば、湯治を兼ねて一泊もいいだろう。そのまま乗り続ければ、「七色《なないろ》」を越えた所で、和歌山県との県境だ。県境を過ぎると、それまで十津川だった川の名前も熊野川へと変わる。

和歌山に入ったバスは、引き続き国道168号をメインルートとしながら、山あいの集落に立ち寄る。国道の道幅は比較的広く、路面も整備されているので、バスは軽快に走って行く。「十津川温泉」を出て約45分で「本宮大社前」バス停。熊野神社の総本社である熊野本宮大社の、まさに入り口に設けられたバス停だ。世界遺産である熊野・熊野古道を訪れる観光客や巡礼者が利用するバス停で、外国人観光客の利便性も考慮し、バス停周辺は整備されている。

霊験あらたかな熊野の空気に触れながらバスに乗っていると、バスは唐突に国道をそれる。山道の先にある温泉地を経由するのだ。その温泉地とは、湯の峰温泉。開湯1800年という日本最古の温泉地は、古くから熊野詣の旅人たちの疲れを癒やしてきた。日によって7回も湯色が変わるといわれる岩風呂「つぼ湯」は、参詣道の一部として、世界遺産に組み込まれている。

温泉に浸かりたい欲求と闘いながら、終盤を迎えたバスに乗り続ける。しかし、ルート上には、「渡瀬温泉」「川湯温泉」と魅惑的なバス停が続くのだ。渡瀬温泉周辺は釣りや川遊びも楽しめるアウトドアエリア、川湯温泉は自分で河原を掘りオリジナル露天風呂を楽しめる。どちらも、つい下車してしまいたくなる魅力ある温泉郷だ。

開通60年の節目控え特別ツアーに期待膨らむ

「川湯温泉」を過ぎるころには、通過バス停は１５０を超えている。再び国道１６８号に合流。急峻だった川の流れも、いつの間にか穏やかになり、終点の新宮が近づいていることを実感できる。川向こうは三重県熊野市だが、バスが走る国道１６８号は川を渡らない。左手に熊野川を見ながら熊野灘を目指すのだ。「神丸」を過ぎると、次のバス停までしばらく間が空く。忘れたころに見えてくるバス停は、新宮市街地の「新宮高校前」。そしてほぼ半日がかりの長旅は、新宮駅でフィニッシュを迎える。

ほかの路線にはない長距離移動が体験できる八木新宮線は、２０２３（令和５）年で開通60周年の節目を迎える。開通50周年だった２０１３（平成25）年には、記念式典や特別ツアーが企画された。

近年でも、奈良交通は八木新宮線のＰＲには積極的で、日本最強の長距離路線バスを体験するツアーを定期的に実施している。企画によっては、現在は使用していない旧道のバス停に立ち寄るなど、趣向が凝らされている。通常便だけでなく、ツアーに参加するのも八木新宮線の楽しみ方のひとつだ。

ほぼ200キロにもなる峠越え路線

道北バス　ノースライナーみくに号

【北海道旭川市〜帯広市】

DATA

●開設年　1995（平成7）年
●総距離（片道）　192・6㎞
●所要時間（片道）　4時間10分

北海道の上川支庁と十勝支庁の中心都市、旭川〜帯広を結んで運行する都市間路線バスで、北海道の中央部の景勝地を縦断して走るため、スケールの大きな車窓風景が堪能できる。1日4往復のうち、パッチワークの丘風景で知られる美瑛《びえい》と、ラベンダーなどの花々が魅了する富良野を経由する便が3往復。もう1往復は上川から層雲《そううん》峡、大雪湖畔を経て三国峠を経由しており、便により富良野盆地の平原と大雪山の山麓という、対照的な眺望が見どころとなっている。

　三国峠経由の便は、旭川を発車すると、石狩川とJR石北本線に沿って東へと向かう。1902（明治35）年に、当時の日本最低気温であるマイナス41度を記録し、体感施設「北海道アイスパビリオン」がある上川町から、国道39号を南へ。標高2291メートルで北海道最高峰の旭岳の、山裾へと入り込んで行く。「層雲峡」は大雪山麓最大の温泉街である、層雲峡温泉の最寄り。カナダの山岳リゾートを模した欧風の温泉街が特徴で、大雪山系北東の黒岳《くろだけ》五合目を結ぶロープウェイの起点もある。

峠越えは驚異の1時間弱もバス停なしのノンストップ

この先、国道39号に沿って層雲峡の柱状節理の断崖絶壁が続き、銀河の滝に流星の滝、大函《おおばこ》小函《こばこ》といった名勝が連続する。バスは銀河トンネルなど長大トンネルを通過するため、これら名勝を車窓に見ることはできないが、時折、沿道の山肌に見える原生林の眺望も見事だ。銀河トンネルを抜けた先で国道２７３号へと分岐、石狩川を堰《せ》き止める大雪ダムの上を走ると、しばらくの間、大雪湖の湖岸に沿って行く。人工のダム湖ながら湖畔には原生林が迫り、山中の景観に違和感なく溶け込んでいる。

バスは大雪湖畔から離れると峠への登りにかかり、標高１５４１メートルの三国山を三国トンネルで抜ける。トンネルを出た先の三国峠は標高１１３９メートル、北海道内の国道の中で一番標高の高い峠で、見下ろす車窓には一面のトドマツやエゾマツの樹海が広がる。この先はヘアピンカーブの下りとなり、高さ30メートル、長さ約３３０メートルのワーレントラス橋・松見大橋が、原生林の谷間に緩くカーブを切って架かる姿が行く手に望める。視界にはほかに人工物は見当たらず、連なる東大雪の山肌に延々と続く樹海のみ。北海道の自然の雄大さが実感できる、懐の深い眺望である。

三国峠を越えた所で上川町から上士幌《かみしほろ》町へと入り、山裾を緩やかに下って「十勝三股」へ。層雲峡~十勝三股は集落や人家がほぼない地区のため、バスは上り下りとも、約40~50分ほどノンストップで走り続ける。

かつての十勝を開拓した廃線跡に沿ってゆく

十勝三股はかつて、帯広が起点の旧国鉄士幌線の終点だった。士幌線は1925(大正14)年に帯広~士幌が開業、十勝北部の開拓に貢献した鉄道である。上川を目指して、1939(昭和14)年に十勝三股まで至ったものの、さらなる延伸はこのバスが走って来た国道273号の整備により断念。以後は、過疎化での利用者減少が打撃となり、1978(昭和53)年に糠平《ぬかびら》~十勝三股間が地元のタクシー会社によるバス代行に切り替わった。

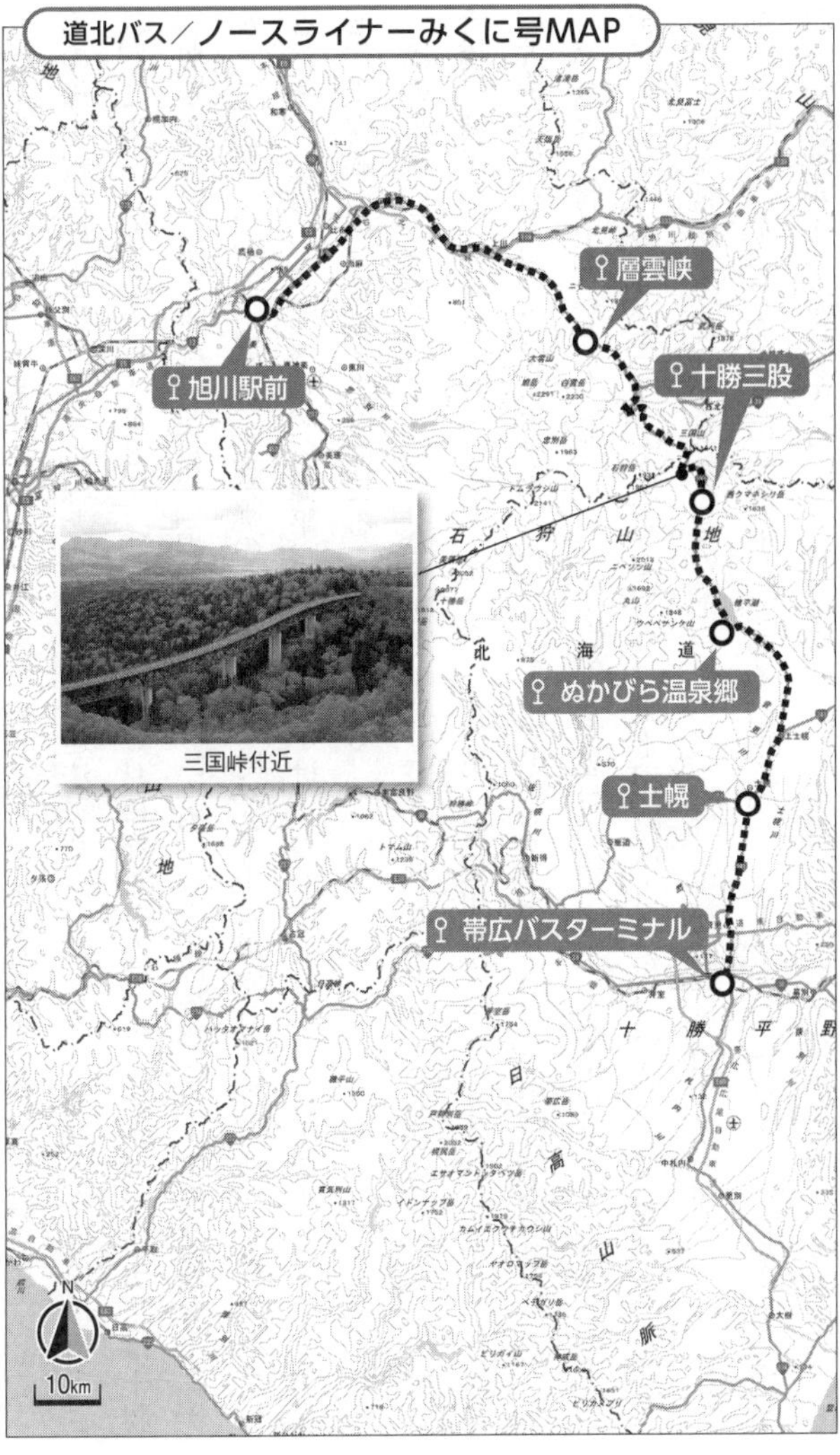
道北バス／ノースライナーみくに号MAP
層雲峡
十勝三股
旭川駅前
ぬかびら温泉郷
士幌
帯広バスターミナル
三国峠付近
石狩山地
北海道
十勝平野
日高山脈
10km
N

鉄道代行バスは当時まだ珍しく、乗車が目的でやって来るファンもいたほどだったが、その後士幌線は赤字ローカル線として国鉄再建法に基づく第2次特定地方交通線に指定され、このバスとともに1987（昭和62）年3月に廃止となった。ノースライナーは十勝三股から先は旧士幌線に並行、「幌加《ほろか》温泉入口」「ぬかびら源泉郷」「上士幌交通ターミナル」「士幌」など、旧国鉄士幌線の駅があった町や集落の最寄りに停留所が設置されている。そのため、十勝三股から糠平、黒石平にかけての沿道には、音更川《おとふけ》を渡るアーチ橋など、士幌線の廃線跡を車窓に見ることができる。

滝の沢橋のそばから見える第五音更川橋梁は、長さ109メートルの連続コンクリートアーチ橋。糠平ダムを過ぎて音更川沿いを下った先の第三音更川橋梁は、1936（昭和11）年竣工の北海道最古のコンクリートアーチ橋で、32メートルのアーチスパンも道内最大規模だった。

バスは十勝平野へと入ると、左右に広がる畑風景の中、「上士幌交通ターミナル」「士幌」を経由して、帯広へと向けて進んで行く。上士幌町は古くから林業が盛んだった地域で、かつては士幌線による旅客と木材の輸送で賑わった。現在は、豆類やイモ類を中心とした畑作と、全国トップクラスの酪農地帯である。帯広のベッドタウンに入る「道の駅おとふけ」から市街地が広がる中を進み、十勝川を渡ると、終着の「帯広駅バスターミナル」だ。

日本海オロロンラインをひたすら北上

沿岸バス　幌延留萌線

［北海道留萌市～幌延町］

沿岸バス　豊富幌延線

［北海道幌延町～豊富町］

DATA

●開設年　1987（昭和62）年
●総距離（片道）　148・3㎞※
●所要時間（片道）　4時間5分※
※豊富幌延線と幌延留萌線を通しで乗車した場合

　1981（昭和56）年に施行された「日本国有鉄道経営再建促進特別措置法」、いわゆる国鉄再建法では、1977（昭和52）年度から1979（昭和54）年度の1キロあたりの1日平均輸送人員「輸送密度」が4000人未満の路線は、「特定地方交通線」として廃止し、バスへの転換が適当との指針が出されていた。

　留萌《るもい》支庁の中心都市である留萌から、日本海沿いに北上して天塩《てしお》郡の幌延《ほろのべ》までを結んでいた羽幌《はぼろ》線は、その第二次廃止対象路線に入っており、1987（昭和62）年3月で廃止された。全長は141・1キロの路線で、100キロを超える国鉄線が廃止になるのは羽幌線が初、かつJRへ分割民営化される前の国鉄として最後の廃止路線であった。

日本海を眺めながら100キロ以上を走る一般路線バス

沿岸バス幌延留萌線はその羽幌線の代替路線で、運行距離は148・3キロ、乗車時間は4時間を超えるという、全国でも有数の長大路線だ。地元客の利用が主で、乗り通す客はほぼいないため、高速バス用の車両のほか市街輸送用のバス車両も運用されている。

2019（令和元）年8月、幌延留萌線は留萌市立病院〜幌延深地層研究センター前となり、幌延深地層研究センター前〜豊富駅までは「豊富幌延線」となった。ただし、一部を除き同一車両で2路線を運行し、乗り換えも不要となっている。

留萌側の起点は市街の東寄りの「留萌市立病院」で、かつて羽幌線が分岐した留萌駅前を経由して、市街を後に国道232号を北へ。道中はほぼ、かつての羽幌線に沿って走り、駅の跡や鉄橋、高架橋などの廃線の跡も見られる、海を間近に望む路線だ。この道路は、天売島《てうりとう》に棲息する海鳥の名から「日本海オロロンライン」との愛称もつけられている。

小平《おびら》町は明治から大正にかけてニシン漁で栄えた地で、「花田番屋前」は1905（明治38）年頃築のニシン番屋・旧花田家番屋の最寄り。２００人もの人々が働いていたという現存する最大級の番屋が車窓からも見える。「鬼鹿《おにしか》」を過ぎると苫前《とままえ》町へ入り、「力昼《りきびる》」の先の陸側には広大な緑の丘に立ち並ぶ風車群が圧巻だ。小平から幌延にかけての沿岸は日本海から吹き付ける風が強く、車窓の随所に風力発電の施設が見られる。

力昼～上平《うえひら》の旧羽幌線は、このバスのルートとは離れた内陸寄りを走っており、「上平」ではかつて駅があった古丹別《こたんべつ》への路線バス、上平古丹別線に乗り継げるようになっている。町の中心である「苫前」は夕日の名所として知られ、沖合には天売島・焼尻《やぎしり》島の姿も。天売島は海鳥の繁殖地、焼尻島はサフォーク種の羊の牧場が見どころで、いずれも羽幌からフェリーと高速船が運航している。

かつての炭鉱の町を経て北の果ての温泉郷へ

沿線で一番大きな町である羽幌は、かつては羽幌炭鉱の隆盛により整備された町で、文教施設をはじめ商店街、劇場、病院などが整えられ賑わった。最盛期は人口3万人を数えたが、炭鉱の閉山や羽幌線の廃線により、現在は静かなたたずまいである。旧羽幌線羽幌

沿岸バス／幌延留萌線・豊富幌延線MAP

駅に位置する「羽幌ターミナル」をはじめ、市街には複数の停留所が設けられ、車窓から見る町の風景にはかつての賑わいが垣間見られる。

ちなみに、沿岸バスでは、漫画家の佐倉はなつみ氏がバス会社の運転手や社員、地元の人たちをモチーフに描いた、「萌えっ子」キャラクターが人気を呼んでいる。札幌～羽幌を結ぶ「特急はぼろ号」や羽幌の市街を運行するバスの車体に描かれている。

羽幌から先は初山別《しょさんべつ》村、遠別《えんべつ》町、天塩《てしお》町と、日本海に沿って沿岸の町を結びながら、さらに北上して行く。天塩町の市街を抜けると日本海に別れを告げて内陸部へと入り、車窓風景は原野が広がる北海道らしい眺めに。天塩大橋で天塩川を渡った先、ＪＲ宗谷本線の幌延駅はかつての羽幌線の分岐駅で、バスはさらにこの先、宗谷本線の豊富駅まで運行している。

幌延市街を出たバスは道道１２１号へと入り、トナカイ観光牧場や深地層研究センターを経て豊富温泉を経由する。開湯は大正末期の日本最北の温泉郷で、油分を含んだ黄濁の湯から別名「油風呂」ともいわれている。温泉街を過ぎると豊富町の中心部を通り、終点のＪＲ宗谷本線豊富駅へと到着する。一部の便は、稚内方面への宗谷本線の列車に接続している。

山口県を一気に縦断！

サンデン交通　下関～仙崎線

［山口県下関市～長門市］

DATA
●開設年　1966（昭和41）年
●総距離（片道）　76・7㎞
●所要時間（片道）　2時間40分

山口県の西端に位置する下関市から日本海に面した長門市まで、県西の内陸部を縦断する長大な路線で、下関駅を起点に長門市側は漁師町の仙崎を経て、青海島《おおみじま》の大泊へと至る。下関は明治期から鯨の加工や流通、昭和以降は近代式捕鯨の拠点となった地で、青海島は中世から江戸期にかけて古式捕鯨が盛んだった島。そんな山口県の鯨文化ゆかりの地を、結ぶように運行している。

フグの町から城下町を経て内陸部の田園地帯へ

下関駅を出発したバスは、日本一のフグの取り扱い市場である唐戸《からと》市場や、境内に「ふく（フグ）の像」がある亀山八幡宮など、鯨とともに下関の特産であるフグゆかりの風景を見て進む。関門橋の直下をくぐったあたりは、最後の源平合戦の地である壇《だん》ノ浦《うら》古戦場で、この先、関門海峡から周防灘《すおうなだ》へと広がる海風景を望みながら、しばらくの間走って行く。

長府は、長州藩の支藩だった長府藩毛利家の城下町で、市街には長府毛利邸などの史跡をはじめ、土塀が続く古い街並みが車窓からも見られる。JR山陽本線最寄りの「小月《おづき》駅」を過ぎると、内陸へと進行方向を変え、「菊川温泉」から木屋川《こやがわ》沿いの山間へ入り、車窓にはしばらく山里風景が続く。

バスが走る県道34号は、かつて萩から長門市を経て下関（旧名・赤間関《あかまがせき》）を結んだ赤間関街道の一つ・北道筋に沿っている。「長正司《ちょうしょうじ》」が最寄りの豊田町はかつて「西市《にしいち》」と称し、北道筋の宿場町かつ木屋川の水運の要衝だった。名の通り、市も開かれ、車窓には赤瓦や木造の古い商店や旅館の建物が見られるなど、当時の賑わいが伝わってくる。日本有数のホタルの里でもあり、6月には舟で木屋川を下る「ホタル舟」が運行される。

豊田町を後にすると、木屋川の流れが次第に狭まり、堤高41メートルの木屋川ダムを隔てた先には豊田湖が広がっている。湖畔にはオートキャンプ場などがある豊田湖畔公園が整備され、ヘラブナやワカサギ釣りの人気スポットでもある。バスは湖の東岸を回り込みながら上り、バス1台がやっとの車幅が狭いトンネルを抜けてから下って行く。

「天皇様」との恭《うやうや》しい名のバス停は、安徳天皇御陵墓参考地の最寄り。壇ノ浦の合戦で、敗れた平家側に擁立されていたため、わずか8歳で入水《じゅすい》した安徳天皇を祀っている。ちなみに、安徳天皇の御陵墓参考地、およびまつわる逸話は各地にいくつかあり、ここでは運んで来た棺が重くなって進まなくなったため、当地に祀ったとされている。

歴史ある秘湯を経由して日本海岸の港町へ

豊田湖を過ぎると長門市に入り、「俵山《たわらやま》公民館前」から一旦県道34号と分かれて西へ。さらに、木屋川沿いに遡り「俵山温泉」を経由する。開湯は1100年前と古く、江戸期には毛利家直営の湯治場にもなった由緒ある温泉だ。明治大正期築の木造の湯宿が連なる温泉街には、「町の湯」と「白猿の湯」の二つの共同浴場も設けられている。

バスは「俵山公民館前」まで戻ってから、再び県道34号を北上。山深い急峻な中を行く道となり、カーブを繰り返しながら走って行く。「星野リゾート界長門」を中心に温泉街の整備が進む「長門湯本温泉」を経由して、JR山陰本線の「長門市駅」へ。市街を抜けた先の「仙崎駅前」は、下関と並び県内屈指の水揚げを誇る仙崎漁港の最寄りだ。仙崎は

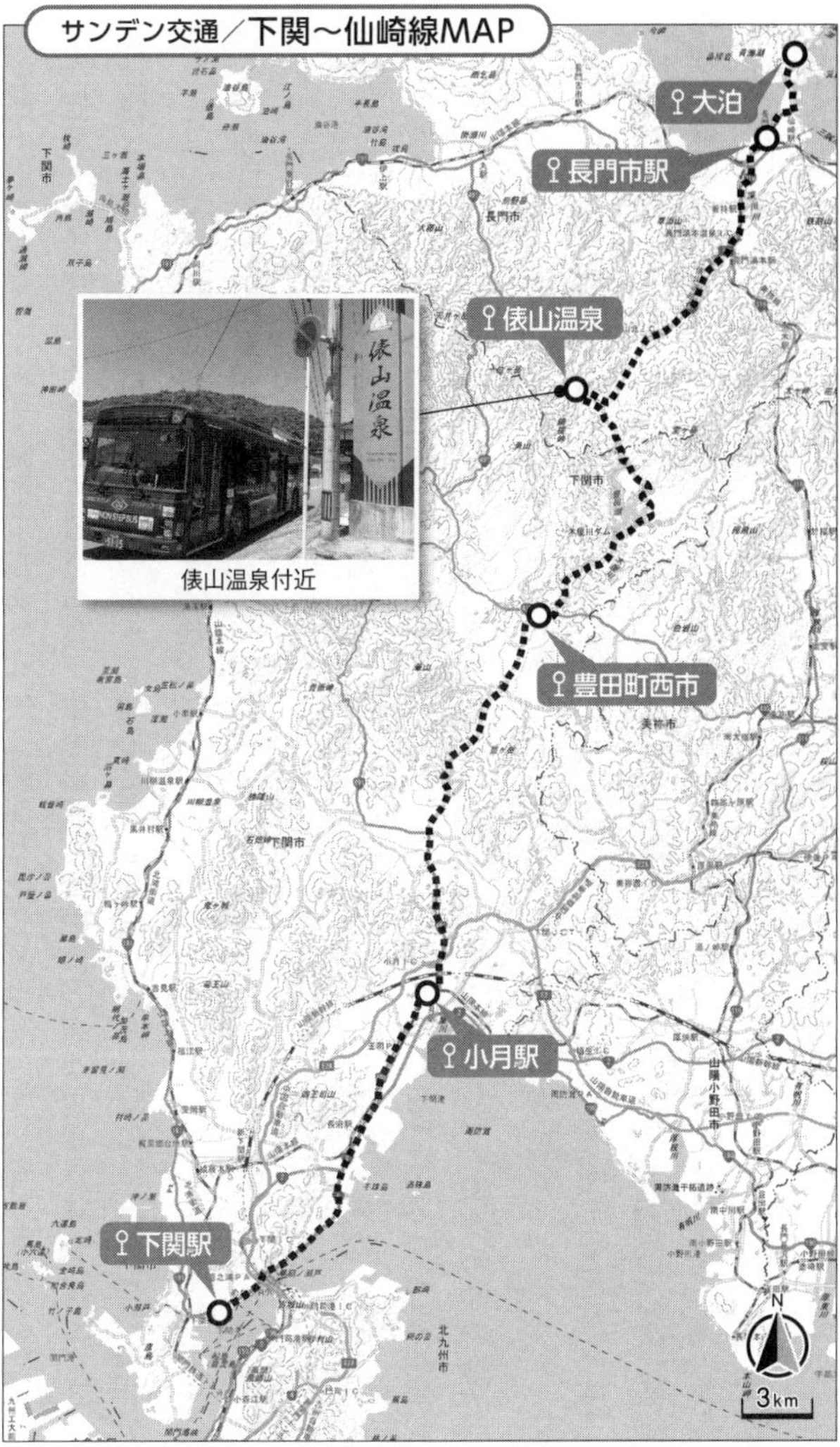

俵山温泉付近

童謡詩人の金子みすゞの生誕地でもあり、実家のあった辺りは「みすゞ通り」と名づけられている。金子みすゞ記念館も設けられ、生家が営んでいた書店が再現されている。

仙崎は北側の青海島に至る砂嘴《さし》のような地形に位置し、バスが進むにつれ左右から海が迫り、100メートルほどの海峡を青海大橋で渡って青海島へと入って行く。周囲40キロほどの島の沿岸は断崖や洞門、奇岩が展開し、「海上アルプス」の別称もある海岸景勝地。「センザキッチン」バス停が最寄りの仙崎港から、青海島観光汽船の遊覧船も運行している。

青海大橋を渡ってすぐ、島の南側の入江に面した集落「大泊」がこのバスの終点で、さらに島の東端に位置する通《かよい》地区へ、サンデン交通バスが接続している。小さな峠越えをしてから、漁港のある「大日比《おおひび》」へ。大日比三師と呼ばれた長州の三人の名僧ゆかりの地で、集落には三師による浄土宗の念仏道場の西圓寺が構える。

バスは「大日比」を出ると紫津浦《しつうら》に沿った海岸線を進み、「通」の集落へと到着する。通は青海島の古式捕鯨の拠点だった歴史があり、漁港に面した「くじら資料館」には鯨の模型や捕鯨砲をはじめ、当時の道具などの資料を展示している。集落にはほかにも、鯨の胎児を祀った鯨墓や、鯨の位牌や戒名が残る向岸寺など、この地区の人々が鯨とともに生きてきた歴史が随所に残っている。

「大正○号」バス停の連続!?

十勝バス　広尾線

【北海道帯広市〜広尾町】

DATA

●開設年　1926（昭和元）年
●総距離（片道）　91・1km
●所要時間（片道）　2時間41分

かつて、帯広市から広尾町までを国鉄広尾線が結んでいた。国鉄広尾線には「愛国」と「幸福」という駅があり、1970年代には「愛の国から幸福へ」というキャッチフレーズで全国的に知られるようになった。「愛国〜幸福」の切符を縁起が良いということで求める人が増え、観光客も増加したが、赤字路線だった広尾線の業績は上向くことはなく、鉄道路線は廃止に。鉄道廃止後に、転換バスとして運行を開始したのが、十勝バス広尾線だった。国鉄の旧駅跡地付近に設けられたバス停に停車しながら、バスは広尾町へと向かう。

広尾線は60系統、方向幕には行き先の「広尾」の横に、経由地として「愛国　幸福」と書かれており、それだけを見ても実に縁起が良さそうだ。朝夕には沿線の高校へ通う生徒たちの姿が多く見られる。帯広駅バスターミナルを出発して、市街地を巡りながらいくつものバス停に停車したのち、バスは国道236号を広尾町へ向かって南下する。やがて、車窓からは広大な畑の光景が見え始める。

いつ果てるとも知れぬ「大正○号」バス停

「愛国」バス停までは、帯広駅バスターミナルからおよそ30分。ここは国鉄の旧愛国駅付近に設置されたバス停で、改装された駅舎が交通記念館として残されている。

「愛国」、「愛国入口」というバス停を過ぎると、次は「大正9号」というバス停になる。ここからは停留所の名称に注目だ。「大正9号」の次は「大正10号」「大正11号」「大正12号」……と、数字だけは変わるものの、ひたすら「大正」と付く停留所が続くのだ。集落に入り、「大正17号」の後に「大正本町」「大正」というバス停を通過したのち、再び「大正18号」「大正19号」……と続いていく。「大正27号」まで来たところで、かつて旧国鉄の幸福駅があった「幸福」バス停へと至る。

バス停から徒歩5分ほどの場所には、旧幸福駅跡地を利用した交通公園が整備されている。駅舎やホームが残され、売店では旧愛国駅~旧幸福駅の切符のレプリカを販売。訪れ

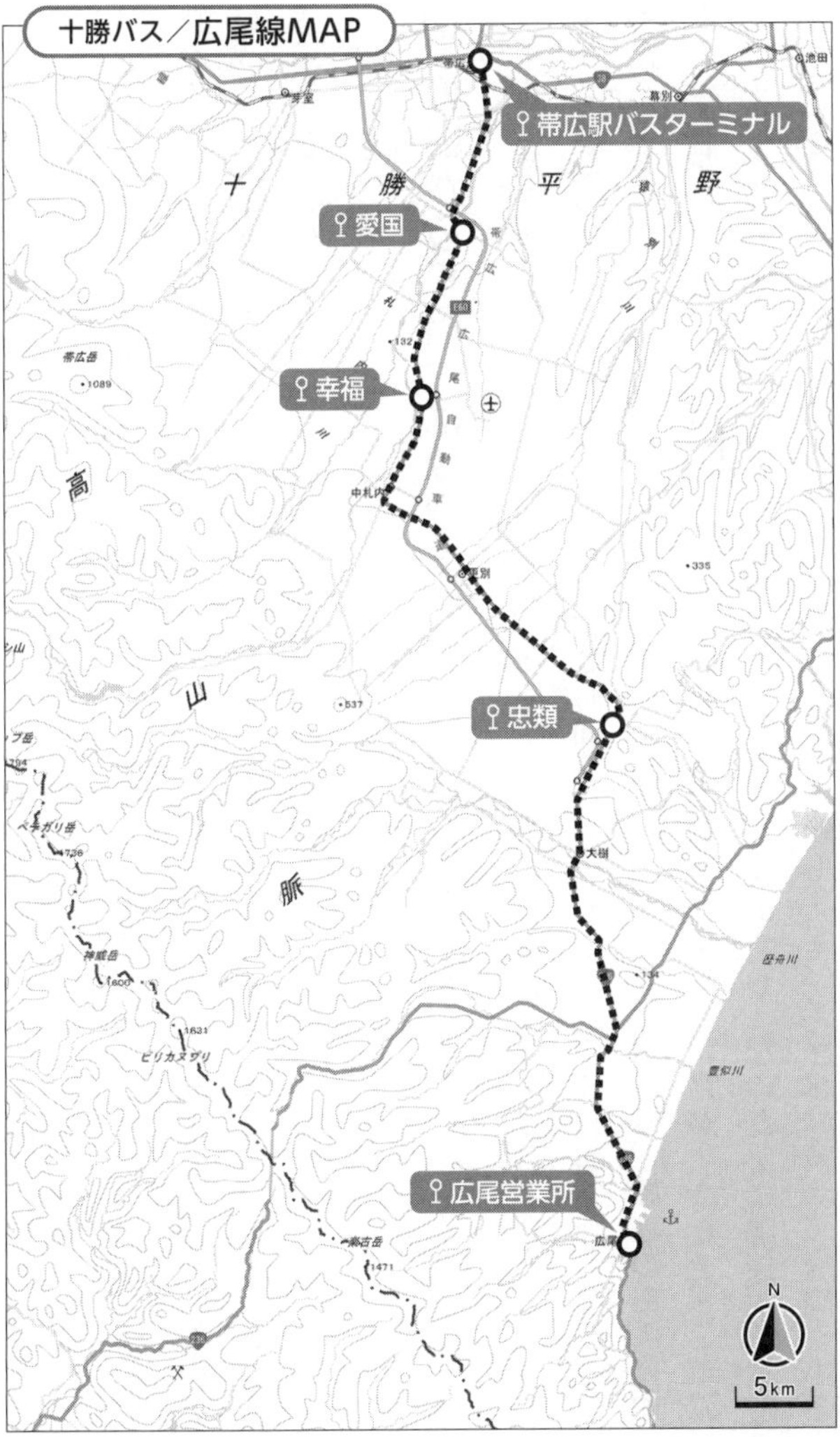
十勝バス／広尾線MAP
帯広駅バスターミナル
愛国
幸福
忠類
広尾営業所
十勝平野
日高山脈
帯広岳
1089
中札内
大樹
N
5km

た観光客は、まるで絵馬のように願いを込めて、旧駅舎にこの切符を貼り付けていくのだとか。

「幸福」を出たバスは、「大正29号」と「大正30号」を通過。「大正○号」と付くバス停は全部で21にも及ぶ。このように「○号」で表されるバス停は、北海道では珍しくないという。広大な北海道ではほかに目印になるようなものがないと、このように数字だけが異なる同じ名称のバス停がいくつも続くことになるのだ。

「愛の国から幸福」は今やキャッシュレス決済で

中札内《なかさつない》や大樹《たいき》など、旧国鉄の駅があった地を通過する。「忠類」のバスターミナルでは、トイレ休憩もある。始発から終点まで約2時間40分にもおよぶ長距離路線となっているためだ。バスはさらに十勝平野を南下して広尾町へ。「広尾」の停留所は、国鉄の旧広尾駅があった場所だ。長いこと、旧駅舎をバス待合所として利用していたが、2018(平成30)年に老朽化のため解体されてしまった。バス待合所は新しくなったが、隣接する鉄道記念公園には一部遺構が残されている。「広尾」の後もまだバス路線は続き、病院や小学

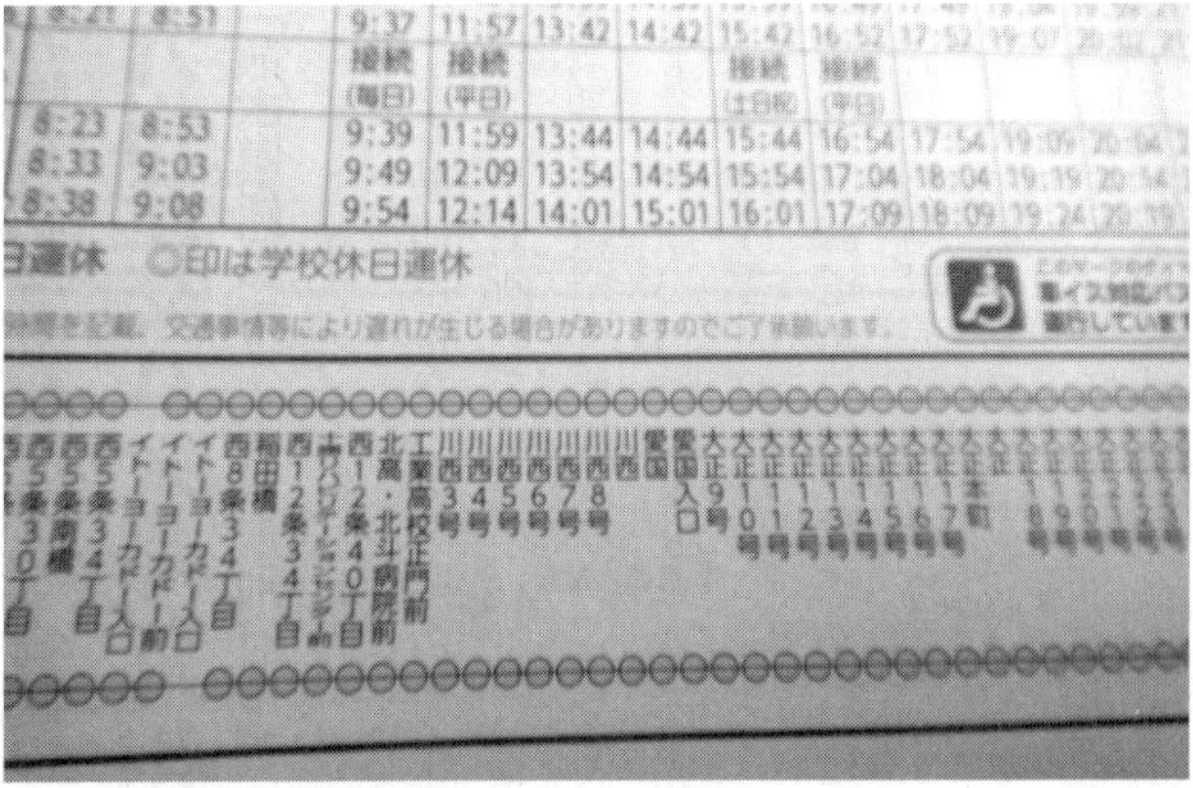

連チャンバス停が圧巻の路線図

校、役場などを経由しながら、終点の「広尾営業所」へ到着する。

　十勝バス広尾線が国鉄転換バスとして運行を開始してから、35年が経とうとしている。運行開始した際に、新車両として導入された「ヨンパーシリーズ」と呼ばれたバスも、2019（令和元）年秋には、車検切れとともに引退となってしまった。

　そんな十勝バスにも新たな流れが訪れており、2020（令和2）年より、運賃の支払いにQRコードによるキャッシュレス決済のシステムが導入された。路線バスでは、全国でもいち早い導入となっている。もちろん、広尾線でもQRコードでの支払いが可能。かつては切符が人気だった「愛の国から幸福」は、今はキャッシュレス決済で支払う時代となってしまったようだ。

名勝＆名湯をたどりつつ東へ西へ

九州産交バス　九州横断バス

［熊本県熊本市～大分県別府市］

DATA
●開設年　1964（昭和39）年
●総距離（片道）　163km
●所要時間（片道）　5時間20分

熊本県熊本市から大分県別府市まで、阿蘇山やくじゅう連山、湯布院《ゆふいん》などを経由しながら走る九州横断バスは、走行時間も長く、定期観光バスの色合いが濃い。しかし、高速道路などの有料道路を使用しないことから、路線バスの扱いとなっている。

九州横断バスは、1964（昭和39）年に有料道路の別府阿蘇道路が開通するのに合わせて、運行を開始した。

別府阿蘇道路の供用開始を目前にし、当時、なかなか足並みが揃わなかった大分県、熊本県、長崎県の民間バス事業者が、ようやく一本化して九州国際観光バスを設立。九州国際観光バスは別府阿蘇道路における路線免許を獲得し、長崎～島原～熊本～阿蘇～別府と、まさに九州を西から東に横断する路線を誕生させた。その後、長崎～島原～熊本の区間は廃止、九州国際観光バスは清算され、九州産交バスが現区間で運行している。

熊本地震で不通となっていた国道57号が復活

熊本駅前を出発したバスは、熊本市の中心地を走り始める。始発から二つ目の「熊本桜町バスターミナル」は、２０１９（令和元）年に開業したばかりの、熊本交通センターの跡地に建設されたバスターミナルだ。

熊本城の前を通過し、熊本市の繁華街・通町筋《とおりちょうすじ》を路面電車と並走する。熊本県庁の手前で路面電車に別れを告げると、県道36号をひたすら東へと走ることになる。郊外に出ると、車窓には緑が広がり始め、熊本空港に着くころには阿蘇の外輪山が近づいてくる。

２０１６（平成28）年４月、熊本県と大分県を最大震度７の大地震が襲った。九州横断バスは熊本空港を通過すると北上し、国道57号へと入る。国道57号は、鉄道の豊肥《ほうひ》本線や河川とともに阿蘇山外輪山の切れ目となっている谷間を通っていたが、この谷筋が地震によって大規模な山崩れを起こし、土砂に埋まってしまった。そのため、バスは暫定的に、外輪山を山越えする県道３３９号（通称・ミルクロード）を経由することになった。

地震によって不通となった国道57号は、２０２０（令和２）年10月にようやく復旧。それにより、九州横断バスのルートも暫定ルートから元の道へと戻ったのだが、工事期間中休止となっていた「立野」「赤水駅前」などのバス停は、そのまま廃止となってしまった。代わりに、2021（令和3）年4月1日のダイヤ改正で、新たに「アーデンホテル阿蘇」の停留所が誕生した。

大分県では「やまなみハイウェイ」を走り抜ける

阿蘇のカルデラを走っていたバスは、内牧温泉の「阿蘇プラザホテル」のバス停を過ぎると、再び外輪山を越える。あたりには大草原が広がり、くじゅう連山が姿を見せる。南《みなみ》小国《おぐに》町に入り、「黒川温泉」へと到着。九州横断バスは1日3往復（2022［令和4］年6月現在）運行しているが、そのうちの1往復は「黒川温泉」発着となっている。

「瀬の本」バス停を過ぎ、大分県に入って、「やまなみハイウェイ」を走る。標高1333メートルの牧ノ戸峠を越えると、長者原、飯田高原などの高原地帯を抜ける。やがて、由布院盆地へと下りていき、「由布院駅前バスセンター」へと到着する。ここで終点の便もあるが、別府行きはさらに1時間ほど。由布岳の麓を走り、城島《きじま》高原を行き、別府へ。乗車時間は5時間15分。九州の絶景を堪能できる一大路線だ。

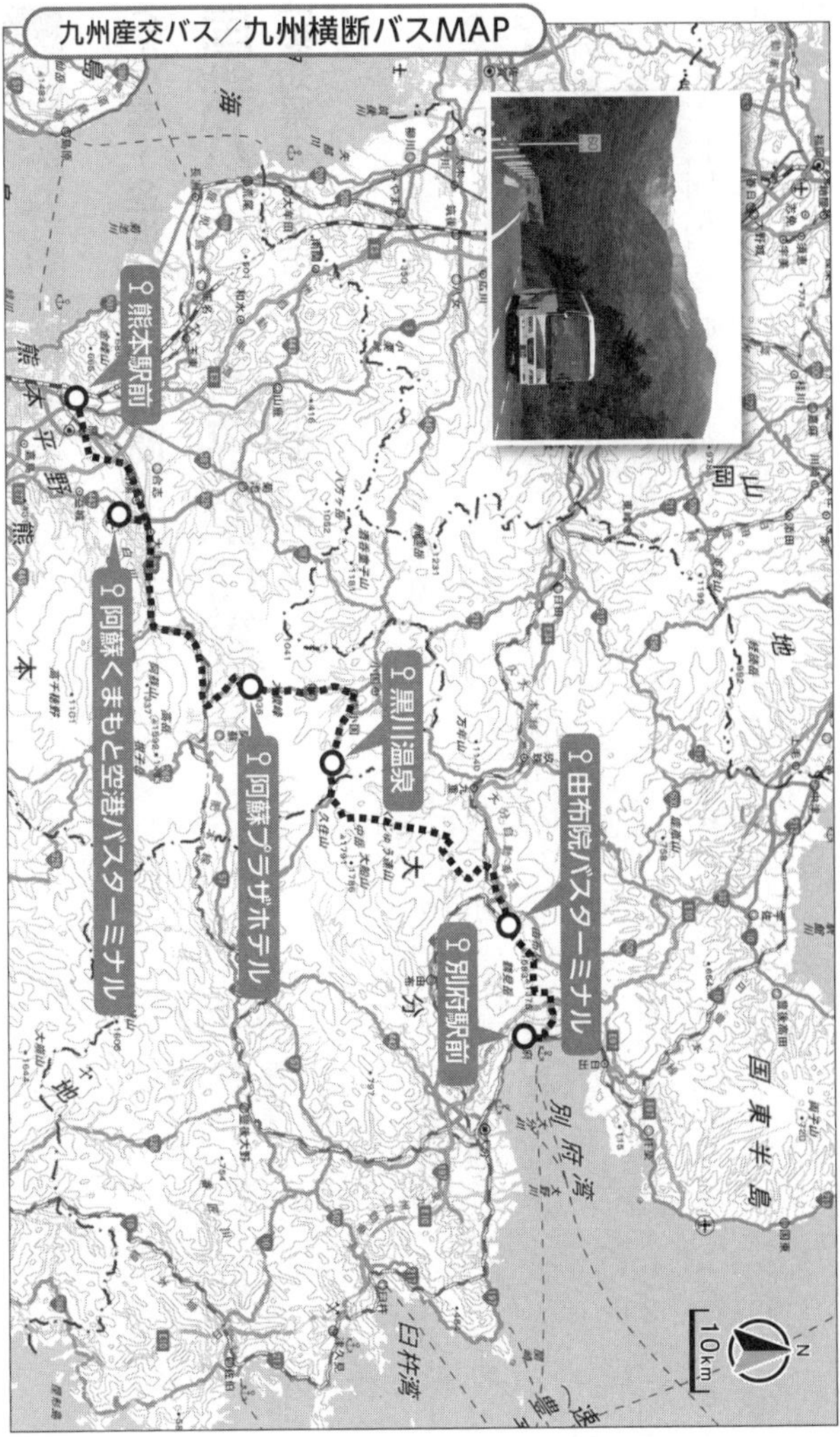
九州産交バス／九州横断バスMAP
熊本駅前
阿蘇くまもと空港バスターミナル
阿蘇プラザホテル
黒川温泉
由布院バスターミナル
別府駅前

名古屋〜金沢間を10時間！

国鉄バス　名金急行線

【愛知県名古屋市〜石川県金沢市】

DATA

●開設年　1966（昭和41）年
※2002（平成14）年11月廃止
●総距離（片道）　266・4㎞
●所要時間（片道）　9時間50分

かつて、愛知県名古屋市から岐阜県、富山県を経由して石川県金沢市まで、太平洋と日本海を結ぶバス路線があった。現在であれば、名古屋駅から特急電車と新幹線を乗り継いで4時間程度で行くところを、バスで約10時間もかけて走った長距離路線だったという。

この路線は、名古屋と金沢の頭文字をとって「名金《めいきん》急行線」といった。

名金急行線の区間の中で、最初に誕生したのは「美濃白鳥《みのしろとり》」〜「牧戸」だった。1933（昭和8）年に開業。当時は省営自動車が運行する白城線だった。2年後の1935（昭和10）年には、石川県で金福線の「金沢」〜「古屋谷」の運輸路線が開通。1939（昭和14）年に富山県福光町（現・南砺市）まで延伸して、名実ともに金福線となった。

こうして運行を開始した、岐阜県の白城線と石川県・富山県の金福線が営業路線を伸ばし、1953（昭和28）年にそれぞれが「境川橋詰」まで延伸。ようやく1本の路線につながった。同バス停を境に、岐阜県側は金白南線、石川県側は金白北線と改称された。

1966（昭和41）年12月1日に「美濃白鳥」～「名古屋」まで延伸・開業。さらに金白南線と金白北線が統合し、「名古屋」～「金沢」が1本の長大路線となった。全長266・4キロにもおよび、当時における「日本最長のバス路線」と呼ばれた。このときに名称が「名金急行線」と改められたのだった。「名古屋」～「金沢」の直通バスは特急バスの扱いだった。運行開始当初の料金は1200円。座席は44席、補助席も含めれば定員は54名。リクライニングシートや冷房などが完備された新車両が導入された。

この路線は鉄道が通っていない地域と国鉄越美南線《えつみなん》とを結び、沿線にある白川郷や五箇《ごか》山《やま》などの観光地への観光客の足となることも期待されていた。

名金急行線の車掌が植えた桜が有名に

名金急行線のバスが停まる停留所の一つに「御母衣《みぼろ》ダム」があった。かつての白川村と荘川《しょうかわ》村にまたがって建設されたダムで、荘川村の中野という地区がダム湖の底へと沈んだ。中野地区にあった光輪寺と照蓮寺の境内には、樹齢約400年以上の桜の古木があった。ダム建設を計画した電源開発株式会社の初代総裁・高碕達之助がこの桜を救いたいと、専門家などに依頼。1960（昭和35）年に桜はダム湖畔に移植され、再び枝を伸ばし花を咲かせることに成功した。荘川桜と呼ばれるようになったこの2本の桜は岐阜県の天然記念物に指定され、今も荘川桜公園で毎年春に花を咲かせている。

この桜の移植活動に感動し、「太平洋と日本海を桜でつなごう」と、約2000本におよぶ桜の植樹を行った人物がいる。名金急行線で車掌をしていた佐藤良二氏だ。佐藤氏は、自身が乗務していた名金急行線の沿線に、私財を投入して桜を植え続けた。しかし、残念ながら、佐藤氏は47歳という若さで志も半ばに病没。佐藤氏の生きざまは、小説『さくら道』（中村儀朋著／風媒社）で描かれ、映画やドラマなどにもなった。

その後、地元の有志によって植樹は続けられた。また、佐藤氏の遺志を伝え続けるために「さくら道国際ネイチャーラン」という、名古屋城から金沢の兼六園までを36時間かけて走る耐久レースが毎年行われている。しかし、残念ながら、新型コロナウイルス感染症拡大の影響で、2020（令和2）～2022（令和4）年はレースが中止となった。

国鉄民営化により２社の路線に分割される

バスの車体が新カラーに塗り替えられたり、車掌が乗車するスタイルからワンマンバスになったりと、時代とともに変化しながらも、名金急行線は順調に走り続けていた。しかし、１９７９（昭和54）年ごろより状況が変わり始める。

「名古屋」～「金沢」の直通特急バスは、国鉄バスと名古屋鉄道が共同運行を行っていたが、国鉄バスはこの路線も国鉄全体も赤字がかさんでいたことなどを理由に廃止を決定した。これに伴い「鳩ヶ谷」～「福光」の区間は長期休業扱いに。名金急行線は太平洋側の「名古屋」～「鳩ヶ谷」、日本海側の「金沢」～「福光」へと分断されてしまった。

その後も、名古屋鉄道は「名古屋」～「金沢」の名金特急バス「五箇山号」を走らせた。もとより、特急バスは冬期間は雪などのため休業していたのだが、そのまま夏～秋の４カ月のみの季節運行に変更。名古屋鉄道は１日１往復に減便しながらも運行を続け、２００２（平成14）年９月まで「名古屋」～「金沢」を直通で結び続けていたのだった。

一方、分断された国鉄バスの名金急行線は、１９８７（昭和62）年の国鉄分割民営化により、愛知県・岐阜県側がジェイアール東海バスに、石川県・富山県側が西日本ジェイアールバスに継承された。

ジェイアール東海バスは、「美濃白鳥」〜「鳩ヶ谷」を主体に、白川郷などへの観光客もさらに利用しやすいよう、「名古屋」から「鳩ヶ谷」まで行く特急便などを設定した。しかし、「牧戸」以北の沿線の人口が極端に少ないこと、さらなる過疎化が進んでいること、モータリゼーションが進んでいることなどにより、利用者が減少。バス路線の維持が非常に困難となり、2002（平成14）年9月30日をもって廃止となった。その後は、民間バス会社や自治体によって運行される路線バスによって、かつての名金急行線の区間が結ばれている。また、岐阜乗合自動車が運行する高速バスの名古屋〜白川郷線が走っているため、実質、代替バスの役割を果たしている。

また、日本海側に残った「金沢」〜「福光」の路線は「名金線」となり、民営化後に路線改良などが行われた。その後は、徐々に名金線から派生した支線などの整理を行いながらも、運行を続けていた。

しかし、2022（令和4）年4月の改編で、金沢駅から森本駅を経由して福光まで行く便は1日8便から2便に減便。7月には金沢駅から市内の「不動寺」バス停まで運行区間を短縮予定だ。これにより、80年以上も県境を越えていたバスがなくなることとなった。

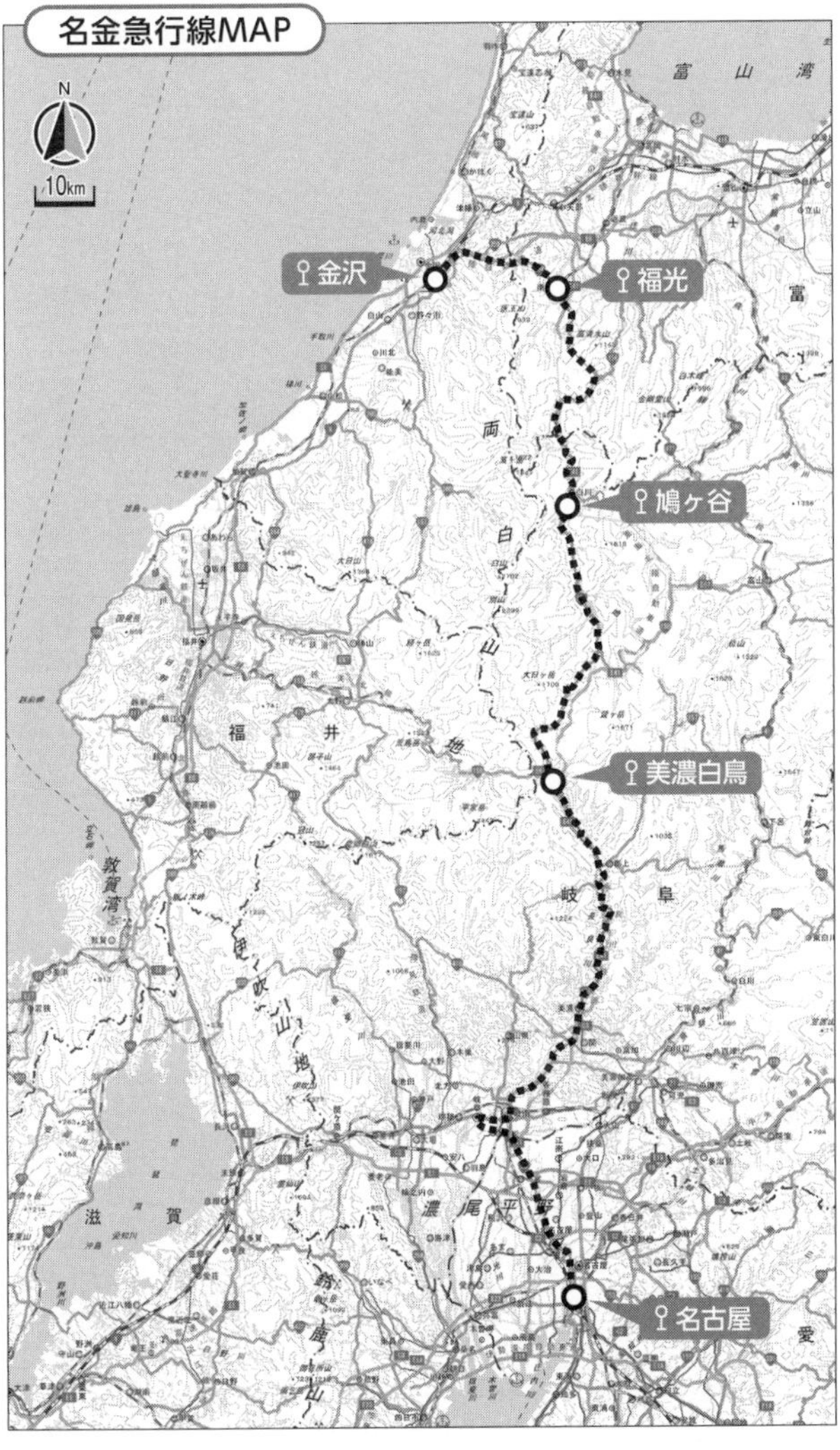
名金急行線MAP
N
10km
金沢
福光
鳩ヶ谷
美濃白鳥
名古屋
富山湾
両白山地
福井
岐阜
敦賀湾
伊吹山地
濃尾平野
滋賀
鈴鹿山
富
愛

第5章

変わり種

朝の本数が異常な連節バス路線

京成バス　幕01・03・04系統

【千葉県千葉市】

連節バスとは、大量輸送を目的として2台以上の車両がつながっているバスのことである。ヨーロッパなど海外では比較的ポピュラーなバス形態だが、近年は日本でも導入事例が増えている。

だが、日本の連節バスの歴史が浅いわけではない。日本での試作は意外にも早く、1950年代。最初の本格運行は1985（昭和60）年だった。茨城県で開催された「つくば科学万博」で活躍したシャトルバスが、日本で初めて運用された連節バスだ。日本製の車体とスウェーデン製のエンジンおよび足回りを組み合わせた連節バスが作られた。「スーパーシャトル」の名で導入された連節バスは、JR常磐線の臨時駅と博覧会会場のある筑波研究学園都市間の来場者大量輸送に活躍したのである。

しかし、つくばの事例は特例的認可であり、公道での連節バス運用には法制度上の問題が立ちはだかる。公道を走れる車両の長さで抵触してしまい、18メートルにもなる連節バスは法令違反となってしまうのだ。

つくばの事例のような特例的認可が通常バス路線に適用され、千葉県千葉市の幕張エリアに連節バス導入が決定されるのは、１９９８（平成10）年になってからであった。路線バスに連節バスが採用されるまで、初運行から実に13年もの年月を要したのである。

毎朝のモンスター級の通勤ラッシュをさばく

京成バスが連節バスを運行しているのは、幕張本郷駅から幕張メッセ・ＺＯＺＯマリンスタジアムまでをつなぐ路線だ。幕01・03・04の３系統が整備されている。

同路線が走る地域は、国内外の企業拠点、大規模商業施設や宿泊施設、幕張ベイタウンなどの住宅エリア、ＺＯＺＯマリンスタジアムをはじめとしたスポーツ拠点といった施設群・地区が揃う「幕張新都心」だ。就業者、居住者、来訪者を合わせると１日あたり約23万人が活動する人口密集地帯なのである。

それだけの人口が動くのだから、当然、幕張新都心は交通の集中エリアとしての顔も持っている。東西の移動では京成線やＪＲ線の鉄道が主に利用されているが、エリア内の南北移動で輸送力を発揮しているのが、京成バスの３系統なのである。

３系統の平日の運行スケジュールは、まさに怒涛《どとう》のラッシュだ。最も繁忙する朝８時台は、46便が運行している。利用客数は８時台だけで４０００人を超えるという異常な混雑ぶりを見せる。さらに、午前７時台も30便、午前９時台も20便。通勤・通学時間帯の幕張本郷駅前は〝連節バスまみれ〟なのだ。

ひっきりなしに滑り込んで来る連節バスに、長蛇の列をなす通勤客が次々と吸い込まれていく様は圧巻。車外に設けられる臨時改札は、ストレスを緩和しスムーズな乗車を促す工夫だ。車両が２台連なる連節バスでは、乗せられる客数は通常のバスの約１・５倍、約１２０人を輸送できる。そんな連節バスがあっという間に満員になり、ロータリーを出発するのだ。幕01・03・04系統は、全国でも有数と言われる幕張のラッシュアワーを支える〝縁の下の力持ち〟なのである。

連節バス導入により、同路線では運行回数を導入前比で20％弱削減できたという。対して、輸送人員は約10％増を記録。連節バスが効率的に輸送力を高めたと言っても過言ではないのだ。

だが、全長が約18メートルと、通常のバスよりはるかに長い連節バスの運転には、高い

幕張本郷駅前。ラッシュ時はバス停手前で次の連接バスが順番待ち

ラッシュ時は車外の臨時改札で料金を支払う

技術が求められる。また、カーブが頻発するルートには向かないという特性もある。そこで、乗務員の運転技術もさることながら、連節バスには安定した運行を助けるさまざまな機能が盛り込まれているのだ。

車種の設備の一例を挙げると、車体には後方や側方を確認するカメラが設置されており、乗降客の動向把握や後方の安全確保に役立つ。カーブ時の内輪差を可能な限り抑制するため、片側3輪のうちの最後部車輪は第2輪の軌道を追尾する第3軸操舵機構を備える。前扉乗降口は、通常車両より幅が広い。これで、2列でのスムーズな乗降が可能となる。

前車体と後車体の結合部分はターンテーブルで、水平方向のみの回転に限られ、乗客の安全につなげる。

このように、幕01・03・04系統は、過密な運行スケジュールを緻密な工夫でやり繰りし、さらに高性能の連節バスによって安全な大量輸送を実現しているのだ。

念願だった純国産の連節バス導入が実現

京成バスでの連節バスの歴史は20年以上。その間、車種も移り変わってきた。運行開始当

停留所名 幕張本郷駅	通過時刻予定表	新都心
行先	[幕01][幕03][幕04]海浜幕張駅・幕張メッセ・ZOZOマリンスタジアム・医療センター 方面	
時刻	平日	土・休日
5		
6	00 12 24 34 44 54	15 30 40 50
7	00 06 10 14 18 22 26 30 30 33 34 36 38 41 42 42 45 45 48 48 51 51 54 54 56 57 58	00 06 12 18 24 30 34 38 42 46 50 54 58
8	00 00 02 03 04 06 06 08 08 10 12 12 14 14 16 16 18 18 20 21 22 24 24 26 26 28 28 30 30 32 32 34 34 36 36 38 39 40 42 42 44 44 45 46 48 49 51 52 54 55 57 58	00 02 06 10 14 18 22 26 30 34 38 42 46 50 54
9	00 01 04 06 07 10 12 13 16 18 19 22 24 25 27 28 30 31 33 37 41 45 50 55	00 03 06 12 18 24 30 36 42 48 54
10	00 05 10 15 20 25 30 35 40 45 50 55	00 06 09 12 18 24 30 36 42 48 54
11	00 05 10 15 20 25 30 35 40 45 50 55	00 03 06 12 18 24 30 36 42 48 54
12	00 05 10 15 20 25 30 35 40 45 50 55	00 06 09 12 18 24 30 36 42 48 54
13	00 05 10 15 20 25 30 35 40 45 50 55	00 03 06 12 18 24 30 36 42 48 54
14	00 05 10 15 20 25 30 35 40 45 50 55	00 06 12 18 24 30 36 42 48 54

幕張本郷駅の時刻表。平日の8時台に注目

初は、車体のみ日本製で駆動部がスウェーデンのボルボ社製だったが、車体老朽化や排ガス規制対応の目的から、２０１０（平成22）年に、ドイツ製のメルセデス・ベンツ・シターロG連節バスに入れ替えおよび追加導入が行われ、それまでの10台体制から15台体制に拡充された。

そして、２０２１（令和３）年３月、三代目にして待望の国産連節バスが同路線に導入された。ドイツ製連節バスの入れ替え検討時期が近づく中、国内では国産新型ハイブリッド連節バスの生産・販売が始まり、現行車両との比較も兼ねて、国産新車両となる日野ブルーリボンハイブリッド連節バスが導入されたのである。

新たに導入されたこの車種も優れた操作性

や側方・後方の車外カメラ、開口の大きい乗降口を備えるほか、バリアフリーなどの車内快適性、環境性能や省燃費性も高く、次世代型の連節バスなのだ。

輸送強化&乗務員不足解決へ全国各地で採用が進む

京成バス幕01・03・04系統は、日本の連節バスのトップランナーとして、その価値を社会に示してきた。そして今、日本各地で連節バスの導入が進みつつある。

幕張での導入後、連節バスが走り始めたのは2005(平成17)年だ。神奈川中央交通による神奈川県藤沢市での運行が始まった。同地区の大学への通学者が主な乗客だ。

京成バスでの導入から7年の空白ができたのは、つくばと幕張向けに車体を製造していたメーカーが生産を取り止めたことも一因だが、法制度の問題や海外製中心でバスそのものを用意するのが難しいことが大きい。その後、神奈川中央交通は、町田エリア、厚木エリアと運行ネットワークを広げている。

また、神奈川県以外にも、連節バスは全国に広まりを見せる。新潟交通、岐阜乗合自動車、奈良交通、神姫バス、近江鉄道、西鉄バス、横浜市交通局などが導入に踏み切った。

西鉄バスは、博多エリアや北九州市で連節バス路線をそれぞれ運行。２０２１（令和３）年７月には、北九州市で新たに３路線目を設定している。従来は、小倉～黒崎間、小倉～戸畑間だったが、小倉～恒見間が加わった。人口減少と高齢化が進む社会で持続可能な公共交通ネットワークを再構築しようという考えに基づく新路線だ。

神奈川県横浜市内のベイエリアでは、横浜市交通局が「ベイサイドブルー」を走らせている。初運行は２０２０（令和２）年７月だ。横浜市では、ベイエリアの活性化と回遊性向上を狙い、新バス路線導入を検討していたが、一方で、乗務員不足という問題にも突き当たっていた。連節バスは、一人の乗務員で輸送人数を増やすにはうってつけだったのであるが、道路の幅員を広げる改良工事や乗務員の運転技術習得など、さまざまな苦難を乗り越えて本格運行が実現した。

また、同年10月には、愛知県名古屋市の市街地を連節バスが走った。だが、これは本格運行ではない。２０２０年代後半に予定されているリニア中央新幹線開業を見据え、新たな交通機関としての社会実験として走らせたのだ。ただ、名古屋市では連節バスとは異なる新交通機関の導入も視野に入れている模様だ。

沖縄の大転換時の車両がいまだ現役！

沖縄バス　南城線・南城～結の街線
東陽バス　城間線

【沖縄県那覇市～南城市】

DATA

●開設年
1978（昭和53）年
※730バスが導入された年

「730バス」と呼ばれるバスをご存知だろうか。沖縄で走る、昭和レトロの雰囲気漂うバスだ。40年以上の歴史を持ち、今では引退してしまった車両も多いが、2022（令和4）年6月現在も、2台の「730バス」が走り続けている。

この「730バス」について知るには、まず、太平洋戦争後の沖縄の状況を知らなければならない。太平洋戦争後、沖縄はアメリカの統治下にあった。日本から切り離された状態の沖縄は、一部の法律などもアメリカのものに従っていた。「ジュネーブ交通条約」という国際的な取り決めにより、一国内で右側通行と左側通行の混在は認めないとされていたため、沖縄ではアメリカと同様に、車両は右側通行だった。

1972（昭和47）年に沖縄は本土復帰。その後も、特措法（沖縄の復帰に伴う特別措

角が丸みを帯びたモノコックバスを懐かしむ人も多い

置に関する法律）により、しばらくは右側通行が続いた。しかし、沖縄もいよいよアメリカの右側通行から、日本の左側通行に変更しなければならなくなった。

運命の日は、１９７８（昭和53）年７月30日だった。左側通行に変わることで最も困ったのが路線バスだ。当時、沖縄では約１０００台のバスが走っていた。バスは歩道側に乗降口が設けられている。当然、右側通行だった沖縄のバスはすべて車両の右側に乗降口があるため、左側通行に変わったときには、乗降口は車道側に向いていることになる。

変更日の前日まで、路線バスは通常通り運行している。鉄道のない沖縄では、路線バスは最も重要な公共交通機関だ。車両の準備のために、運行に影響をきたすことはできない。当然、一晩で約1000台ものバスを、一気に左側に乗降口のある右ハンドル仕様に改造することも不可能だ。そのため、各バス会社は一斉に新車を購入し、7月30日より走らせることに決定したのだった。このとき導入された新車両が、その日付をとって「730バス」と呼ばれるようになった。

切り替え前夜は徹夜の作業

当時、沖縄では那覇交通（現・那覇バス）、琉球バス（現・琉球バス交通）、東陽バス、沖縄バスの4社が路線バスを運行していた。各社は、いすゞ自動車、日産ディーゼル工業（現・UDトラックス）、日野自動車、三菱ふそうの4社にそれぞれ新車両を発注した。メーカーの生産事情も鑑みて、発注先を分散させたのである。左側通行に切り替わる1週間ほど前には、各社から新しい車両が沖縄本島に無事納品され、米軍基地の跡地にズラリと並んでいたという。

切り替え前日、その日の営業が終わると、翌朝からの新車両運行開始のための準備が、運転手を除いた社員たちで進められた。旧車両から運賃箱や備品を外し、新車両へと移動させるのだ。ほぼ、全員徹夜で準備作業が行われた。

そして、いよいよ7月30日の朝。バスは一斉に新車両に入れ替えられ、始発バスから無事に運行。沖縄の至る所で真新しいバスが走る様子が見られ始めたのだった。

レトロな旧車なのにICカードの使用は可能

現在も走り続けている「730バス」は、沖縄バスと東陽バスで1台ずつ保有している。どちらのバスもモノコック構造の車両だ。その特徴は、フレームを持たず、鉄板を貼り合わせてボディを形成した、全体に丸みを帯びた形をしていることだ。現在では、モノコック構造のバスは非常に少なくなっており、国内で現役で走っているのは数台にすぎないという。

沖縄バスが所有するのは「三菱ふそうMP117K」、東陽バスは「日野自動車RE101」の車両で、もちろん、どちらも1978年式。沖縄バスの方は水色地に青いラインが入った塗装、東陽バスは白地にオレンジと緑のラインが入った塗装となっている。現在の沖縄県内のナンバープレートは「沖縄」だが、この2台の「730バス」はいまだに

「沖」ナンバーとなっている。

車内を見てみると、座席や手すり、降車ボタンなどは長年使われ続けてきたもので、レトロな雰囲気を残している。しかし、車内正面に設置された運賃表示器や運賃箱などは、2015（平成27）年4月に交換されたもの。なぜなら、沖縄県内で発行されている交通ICカード「OKICA」が、路線バスでも使用開始されたからだ。歴史あるレトロな車両の中に新しい運賃表示器とICカード対応運賃箱という、不思議な組み合わせが生まれているのだ。

2台とも走行日と運行系統は決まっている

2022（令和4）年6月現在、「730バス」のうち沖縄バスは毎週日曜の午前中のみ、東陽バスも日曜のみの定期運行となっている。沖縄バスは那覇バスターミナル～南城《なんじょう》市役所を結ぶ39系統と、南城市役所～結《ゆい》の街（国立劇場沖縄）を走る339系統で運行。東陽バスは馬天《ばてん》営業所～城間《ぐすくま》～馬天営業所と循環する191系統城間線で3便運行している。

実は、沖縄はバスファンの間では中古車天国として知られている。1978（昭和53）

年には、ピカピカの新車両ばかりが街を走り回ったが、時代とともに「７３０バス」は徐々に引退。近年では、新車の購入は観光バスなどごく一部のみで、路線バスの車両を入れ替える際は多くが本土からの型落ち中古車となっていた。しかし、そのおかげで「７３０バス」と本土からの中古車がすれ違うという、珍しいシチュエーションに出会えることもあるのだ。

そもそも、なぜこんなに「７３０バス」の運行本数が少ないのかというと、ずいぶんと古い車体のため、あまり動かしすぎると故障する可能性が高いからだ。しかし、まったく動かさないでいても錆びついてしまって、今度は利用できなくなってしまう。そのため、週に１日程度のペースで運行しながら、動態保存しているのだ。ただし、車両が古いため、故障やトラブルはどうしてもつきもの。それらが発生してしまったときは、別の車両が走ることもあるという。

このような古い車両が、毎週定期運行しているというのは、非常に珍しいことだ。バス会社側は可能な限り走らせ続けたいと言っているが、それも永久にというわけにはいかないだろう。確実に「７３０バス」に乗りたいのならば、事前の営業所への確認が必要だ。沖縄の戦後の歴史を知る「７３０バス」をぜひとも体感してみて欲しい。

レールと道路のどちらも走行可能な新型車両

阿佐海岸鉄道　阿佐東線ＤＭＶ

【徳島県海陽町～高知県室戸市】

DATA

●開設年　２０２１（令和３）年
●総距離（片道）　50㎞
●所要時間（片道）　1時間30分

四国地方。徳島県の南の果て、そして高知県の東の果てを、２０２１（令和３）年12月25日から、近未来的・ＳＦ的な最先端の乗り物が走っている。

その名もＤＭＶ。「Dual《デュアル》 Mode《モード》 Vehicle《ビークル》」の略称で、簡単に言えば、線路と道路の両方を走れる、鉄道車両とバスのよいとこ取りのような乗り物だ。旅客を扱う営業運転の試みは今までほとんどなく、運行する阿佐《あさ》海岸鉄道は「世界初の本格営業運転」を謳っている。

ＤＭＶが走っているのは、徳島県海陽町の「阿波海南文化村」から高知県東洋町の「道の駅東洋町」、そして再び海陽町の「道の駅宍喰《ししくい》温泉」まで。さらに土・日曜、祝日は、道の駅東洋町から室戸方面へ１日１往復の運行があり、「むろと廃校水族館」「室戸世界ジオパークセンター」「室戸岬」そして「道の駅とろむ」に停車する。このうち、ＪＲ牟岐《むぎ》

レール上のDMV。車両前方に鉄車輪が下りた状態で走る

線から編入された阿波海南駅から海部《かいふ》駅、そしてDMV導入前に阿佐東線が走っていた海部駅から甲浦《かんのうら》駅までの区間が鉄道区間となっている。

車体はマイクロバス（トヨタコースター）がベースの改造車で、道路用のゴムタイヤのほかに、車体前後に鉄道用車輪が格納されている。道路と鉄道が切り替わる部分には、ガイドウェイを設けた「モードインターチェンジ」が設置され、15秒ほどで車輪を切り替えてモード切り替えが完了。とはいえ、鉄道上でも駆動するのはゴムタイヤで、鉄車輪はレールを走行するためのガイドの役割のみを担っている。車両は3両で、それぞれ青、緑、赤のカラーリングだ。

厳しい経営状況を救うカンフル剤となるか

しかし、なぜ徳島・高知でＤＭＶなのか？

もともと、日本で営業運転に向けて本格的に開発を始めたのは、ＪＲ北海道だった。ローカル線の経費削減策として構想が始まり、２００４（平成16）年には試作車が完成した。その勢いに影響されてか、２００６（平成18）年ごろから、静岡県の岳南《がくなん》鉄道や天竜浜名湖鉄道、熊本県の南阿蘇鉄道など、全国各地でも試作車を借り入れての試験運転が繰り返された。行き詰まるローカル線の状況を打破する起爆剤として、ＤＭＶに期待が寄せられていたのだ。

しかし、２０１４（平成26）年、ＪＲ北海道はＤＭＶの導入断念を発表。従来の鉄道用信号設備がＤＭＶに対応できないこと、そして、運転手が鉄道用の動力車操縦者免許と合わせて、バス用の大型自動車第二種運転免許を取得する必要があること、などが主な理由として挙げられた。さらには安全面での課題もあり、クリアすべき問題が山積していたのだ。

それと前後して、ＤＭＶ導入に関心を寄せていたのが徳島県。同じく、ローカル過疎路線である阿佐海岸鉄道の阿佐東線にＤＭＶを導入するため動き出した。

元をたどれば阿佐東線は、計画段階では「阿佐線」として甲浦から室戸岬を経て、後免《ごめん》までをつなぐ日本鉄道建設公団建設線だったが、１９８０（昭和55）年の国鉄再建法の成立により、工事が凍結。そこで、すでにほとんど完成していた海部駅〜甲浦駅の建設を引き継ぎ、開業した路線だ。

ところが、阿佐東線は開業以来、赤字に苦しめられることになる。２０１９（平成31）年度の乗車人員は５万２９８３人、経常損失は７３９６万円。また、２０１３（平成25）年には営業係数１２２４・６という数字を出し、「日本一の赤字路線」という不名誉な称号で呼ばれたこともあった。

長い準備期間を経てついに運行開始

こうした中で、本格的なＤＭＶ実用化に向けての取り組みが始まり、車両製作、運行ルートの協議、駅舎や線路の工事などが進められてゆく。車両自体を観光資源にすることで地域の活性化に寄与すること、そして運営コストの縮減が主な目論見だったが、鉄道と

バスのシームレスな交通体系の実現、線路と道路をつなぐことによる防災面の強化なども

ＤＭＶ導入の目的として挙げられた。

２０２０（令和２）年11月には、ディーゼル鉄道車両の運行を終了。同年12月からは、全線運休し、バスによる代行輸送が行われた。

そして、阿佐東線へのＤＭＶ導入が決定してから約５年半の歳月をかけ、ついに２０２１（令和３）年から本格営業運行が始まったというわけだ。初日にはオープニングセレモニーが行われ、赤・緑・青の各車両が阿波海南文化村に勢揃い。阿佐海岸鉄道の社長と海陽町長が出発の合図をし、約８００人の関係者や住民、鉄道ファンが見守る中、記念すべき第１便が発車したのだった。

ＤＭＶに関しては混雑が予想されるため、現在、公式ホームページでは予約しての乗車がすすめられている。運行開始記念の入場券セット、はがきサイズのＤＭＶ開業記念証などが販売されたが、数量限定のため、すでに完売となった。

とはいえ、まだ始まったばかりのＤＭＶ運行。真に路線を黒字化に導くか、さらには地方創生の起爆剤になるのかは、これからの動向次第だ。地方ローカル線における取り組みのモデルケースとして、注目が集まっている。

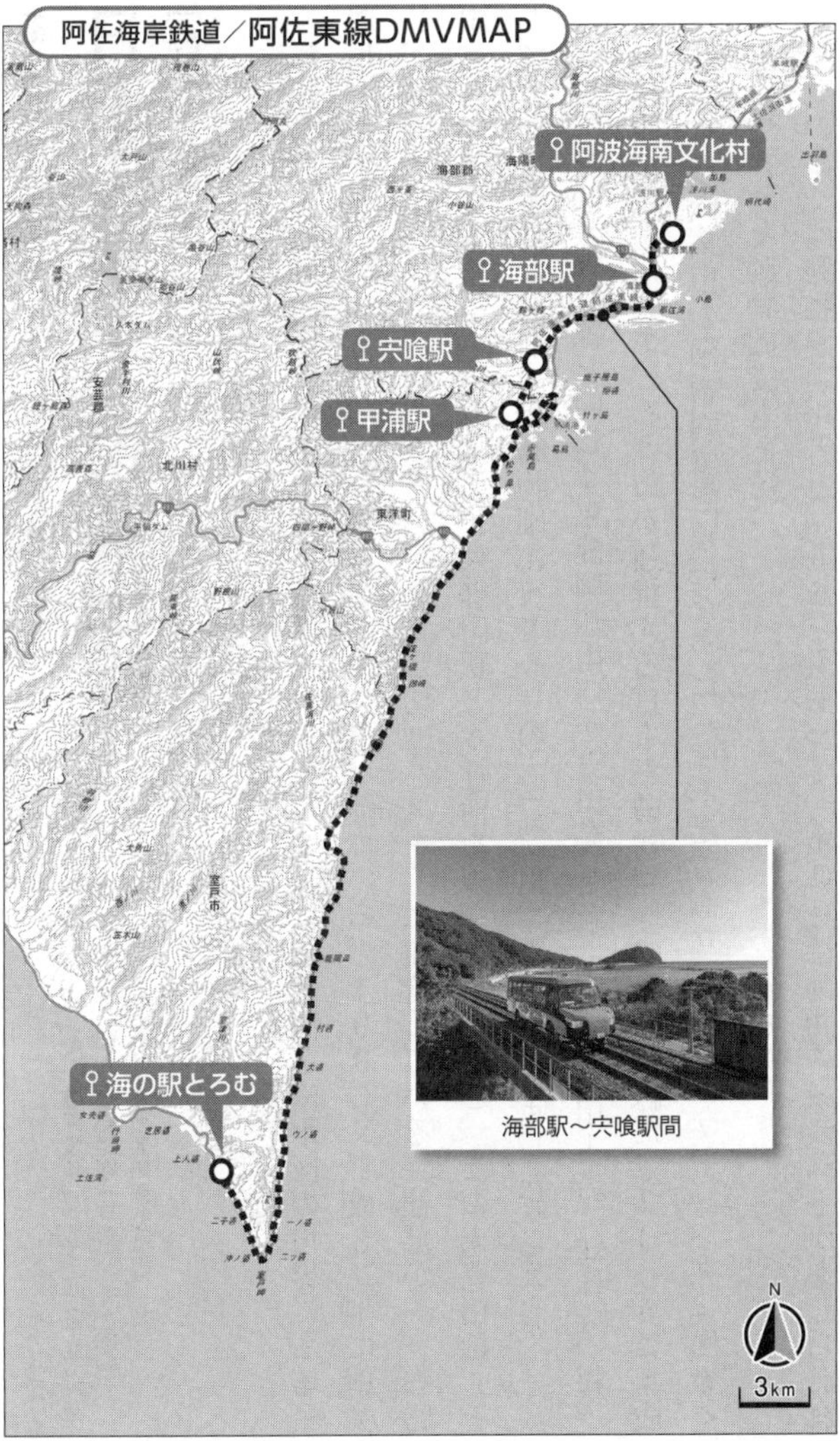
阿佐海岸鉄道／阿佐東線DMVMAP
阿波海南文化村
海部駅
宍喰駅
甲浦駅
海の駅とろむ
海部駅～宍喰駅間
N
3km

あまりにもユニークな音声案内

日本平自動車　東豊田線

［静岡県静岡市］

DATA

●開設年　2015（平成27）年
●総距離（片道）　4・59km
●所要時間（片道）　12分

静岡県静岡市駿河区に拠点を置く日本平自動車。本社は駿河区と清水区の境界にある景勝地・日本平《にほんだいら》の麓にあり、これが社名の由来となっている。1996（平成8）年に創業し、スクールバスや送迎バスといった貸し切りバスを主に運行している会社だが、一部路線バスの運行も行っている。JR東静岡駅と本社前をつなぐ大谷線と、この東豊田線、そして、ユニークな名前の「動物園に行こう!!線」「動物園に行ってきました!!線」だ。

東豊田線は、大谷線と同じく東静岡駅南口から出発し、静岡銀行池田支店、法伝寺、桜ヶ丘公民館などを通って、静岡市が運営する日本平動物園へ向から路線だ。2005（平成17）年ごろ千葉市の動物園で話題になった、2本足で直立するレッサーパンダ「風太くん」が生まれた動物園でもある。

需要の多くは動物園利用者ということもあって、車体には動物のイラストがあしらわれている。後方には、車椅子でも乗車できるスペースを確保し、座席は優先席の柄に統一されている。

「チャリーン」「ポクポクポク」。ユニークすぎる音声案内

東豊田線は、午前9時台〜午後2時台に3往復のみの運行。総距離4・59キロ、所要時間は12分と短いが、非常にユニークな路線である。東静岡駅南口を出たバスは、南幹線から池田の交差点を右折。「東豊田」「池田公園」のバス停を過ぎると、車内アナウンスの直前に「チャリーン」という音が車内に鳴り響く。その謎はすぐに解ける。次のバス停は「静岡銀行池田支店」で、銀行だけにお金の音、という遊び心なのだ。

さらに、その次の「法伝寺」バス停では「ポクポクポク……」という木魚を鳴らしているかのような音が。車内アナウンスも独特で、停車するたびに「このバスは急いでいません。ゆっくりとお降り下さい」と、ユニークな音声が流れるようになっている。

ちなみに、もう一つのバス路線である大谷線でも、独特な車内アナウンスが用意されている。「静岡競輪場」バス停に近づくと、「次は静岡競輪場。一発勝負の方はこちらでお降

動物をあしらったラッピングバスが運行されている

りください。幸運をお祈りしています」というアナウンスが流れるのだ。

その後は、市街地から徐々に離れ、山道を登ってゆく。家々が建ち並ぶ光景から竹林や茶畑へと車窓も変化し、郊外らしくなってくる。……と思ったら、すぐにまた住宅地へ。バス停も設けられている桜ヶ丘団地だ。団地といっても、マンションが建ち並ぶようないわゆる団地ではなく、1軒家や賃貸アパートが集まる区画だ。動物園にほぼ隣接しており、中央には桜ヶ丘公園という小さな公園が整備されている。

次の「桜ヶ丘公民館」バス停を過ぎれば、日本平動物園はもうすぐ。バス停に到着すると、なんと、フラミンゴを型どったバスポールがお出迎え。日本平動物園で飼育しているベニイロフラミンゴをイメージしたもので、丁寧に解説文も添えられている。これは動物園側が用意したものではなく、日本平自動車側が設置したものだ。

住民への奉仕の精神で生まれた路線

日本平自動車は、もともとは貸し切りバスのみ運行する事業者だったが、静岡市内での路線バス事業にも意欲を示していた。そんな折、高台にある住宅地の住民高齢化に伴い、静岡市の援助を受けてコミュニティバスを運行できないか、と市から打診があったという。だが、住民や関係機関との協議の末、その計画は残念ながら、頓挫してしまった。しかし、日本平自動車は一切の補助金をあてにせず、自分たちだけでこの路線を運行することに決めた。もともと採算はあまり見込めない区間ではあったが、それでも踏み切ったのだ。路線バスの運行は初めての試みだったため、自由な発想でアイデアを募り、乗客を楽しませるための方法が検討された。それが独特な車内アナウンスやバスポールに結びついたのだ。

バス停にベニイロフラミンゴ。足元に時刻表がある

なお、ホームページのトップでも「お急ぎでない方」「お急ぎの方」というボタンがアイコンとともに表示され、「お急ぎ」の場合は問い合わせフォームに移動する、といった遊び心もちりばめられている。貸し切りバスの紹介ページにも「日帰りから日本一周まで　※海外は無理です…。」とユーモアの光る一文が。「楽しませる」ことに対して貪欲な姿勢が感じられる。

「楽しませる」ことの努力を怠らない社風

冒頭で触れた「動物園に行こう!!線」「動物園に行ってきました!!線」のネーミングもなかなか独特だ。この路線は2017（平成29）年に開設された路線で、ＪＲ東静岡駅と日本平動物園を結ぶ直通便。起終点は東豊田線と同じなのでルートも似ているが、動物園に直行するため、若干ルートが異なり、「チャリーン」「ポクポク」という車内音声が鳴る静岡銀行池田支店、法伝寺には停車しない。

この路線は土・日曜・祝日のみの運行で、動物園利用者に特化した1日9往復の便が出ている。「東静岡駅南口」バス停には、レッサーパンダのイラストが描かれたバスポールが設置され、デフォルメされた動物のイラストがちりばめられたラッピングバスが走る。その名前は、往路が「行こう‼」、復路が「行ってきました‼」という具合だ。

路線バスとは異なるが、日本平自動車には、もう一つ特筆すべきユニークな話題がある。真っ赤に彩られた2階建てロンドンバスの運行だ。１９５５（昭和30）年に製造され、実際にイギリス・ロンドンの名物として走っていたダブルデッカーのロンドンバスを輸入し、日本の走行基準に合わせて車両を整備。貸し切り運行のほか、乗車イベントなども行っている。結婚式やイベント、パーティ会場への設置・展示も受け付けている。

ちなみに、日本平自動車のホームページからは、ロンドンバスに関するクイズに3問正解すると、ロンドンバスを紹介する特設ページが見られるようになっている。第1問からして「正しい車体番号」を問うてくる高難易度設定。全問正解は容易ではない。

日本初のBRT路線として知られる

名古屋ガイドウェイバス　ゆとりーとライン

【愛知県名古屋市】

DATA

●開設年　2001（平成13）年
●総距離（片道）　6・5km
●所要時間（片道）　13分

バスなのにハンドル操作が不要で、まるで鉄道路線のような高架上の専用軌道を走る「ガイドウェイバス」のバス路線が、日本で1カ所だけ存在している。名古屋ガイドウェイバスが走らせる、ガイドウェイバス志段味《しだみ》線だ。名古屋市交通局が運行している名古屋市営バスと直通で接続しており、それらが一体となって「ゆとりーとライン」と名づけられている。

ガイドウェイバスとは、案内軌条（ガイドレール）を備えた軌道に沿って、ガイド用の車輪でトレースしながら走る仕組みを持ったバスのことで、高架専用軌道と平面の一般道路双方を走れる「デュアルモード」を備えている。

専用道路を走るため混雑を回避でき、定時運行ができる。さらに安全性も高い。鉄道とバスのハイブリッドとでもいうべきニュータイプの乗り物だ。鉄道と遜色ない輸送力と柔軟性をもつＢＲＴ（Bus《バス》 Rapid《ラピッド》 Transit《トランジット》）の一種として評価されており、海外での先進事例としては、ブラジルやコロンビア、インドネシアなどでの導入事例が知られている。

ゆとりーとラインが走る地域である守山区では、地理的な状況から渋滞が激しく、市内でも特に交通混雑の激しい地区であった。「志段味ヒューマン・サイエンス・タウン」構想というまちづくり計画も具体化しつつあり、混雑の解消と、新たな交通需要に対応できる交通機関が求められていたのだ。

そこで、市では１９８６（昭和61）年度からガイドウェイバス導入の議論が始まり、１９９０（平成２）年度に、全国で初の事業化が認められた。高架区間に関しては第三セクターによる経営が適切だとされ、名古屋ガイドウェイバス株式会社が設立。２００１（平成13）年に運輸開始認可を取得し、営業を開始した。

高架区間では、乗降するのは「駅」だ。地上からホームのある高さまでは、エレベーターやエスカレーターでアクセスすることになる。上下線の専用軌道、２線を挟む形で、その両端に相対式ホームが設置されている。レールがないだけで、見た目はほとんど「鉄道駅」だ。

運転免許も車検も二重にクリアが必要

ゆとりーとラインの場合、高架上に造られたバス専用道路の両脇に低い側壁があり、前後輪に取り付けられた四つの車輪がこの案内軌条に沿って走る。カーブの際も案内軌条に沿って方向が変わるため、専用道上ではハンドル操作が不要なのだ。というよりも、この高架区間でハンドルを操作することは危険なため、禁止されている。

日本の法律では、高架区間は路面電車などと同じ軌道法が適用される。それに対し、「小《お》幡緑地《ばたりょくち》駅」から先の平面区間は、道路運送法により規定されている。このため、運転手はバス用の大型二種免許と、鉄道用の動力車操縦免許の二つを取得しなければならない。車両の検査についても、自動車としての車検とともに、鉄道車両としての定期検査も必要だ。

とはいえ、車体のベースはバスなので、案内軌条のない所では、普通の路線バスと同じように運行可能。ガイドウェイバスの特性を活かし、高架区間と平面区間との直通運転を行っている。

高架区間と平面区間が切り替わる「小幡緑地駅」では、モードの切り替えを行う。高架は緩やかな下り坂になっていき、時速60キロほどで走っていたバスは減速し、平面区間に

案内輪は計４カ所。後部は小さく、カーブ通過時のみ案内軌条に触れる

設けられた切り替え地点で、一時停止。運転席にあるレバーを操作して、車体の案内輪を出し入れする。ちなみに、直線での走行時は前部の案内輪だけが案内軌条に接しており、カーブの際だけ後部の案内輪も接するような設計になっている。

経営努力で黒字化を達成

　ゆとりーとラインでは、ＪＲ中央本線、名鉄瀬戸線、名古屋市営地下鉄名城線が乗り入れる「大曽根《おおぞね》駅」から「小幡緑地駅」までの９駅、約13分間の短い区間が高架区間だ。「小幡緑地駅」から先は路線バスとして運行する平面区間で、その先はいくつかの系統に分かれつつも、主に「中志段味駅」、「高蔵寺駅《こうぞうじ》」方面へ向かう。

高架区間の本数は非常に多く、ピーク時には3～4分に1本の発着がある。乗車人員数もそれなりに多く、2019（令和元）年度では約445万人だった。1日あたり約1万2000人ほどの利用者数になる計算だ。

とはいえ、これは近年の経営努力により増加した数字であり、開業当初の経営状況は芳しいものではなかった。運賃認可時の需要予測では、開業時で1日あたり約9600人の利用者数を想定していたが、実際は1日あたり約5300人と、大幅に予測を下回る結果となったのだ。

さらに、車両などの保有資産にかかる減価償却費もかさみ、開業当初から赤字が続いていた。コスト削減や需要喚起のための方策を実施し、黒字化を達成したのは2005（平成17）年度のこと。近年は、志段味地区の開発も進み、人口増加に伴って、利用者も増加傾向にある。

2021（令和3）年にはめでたく20周年を迎え、ピンバッジやフェイスタオルといったオリジナルグッズが販売された。需要増加が見込める区間であるため、おそらくバス事業そのものは今後も安定的な経営が可能だろう。

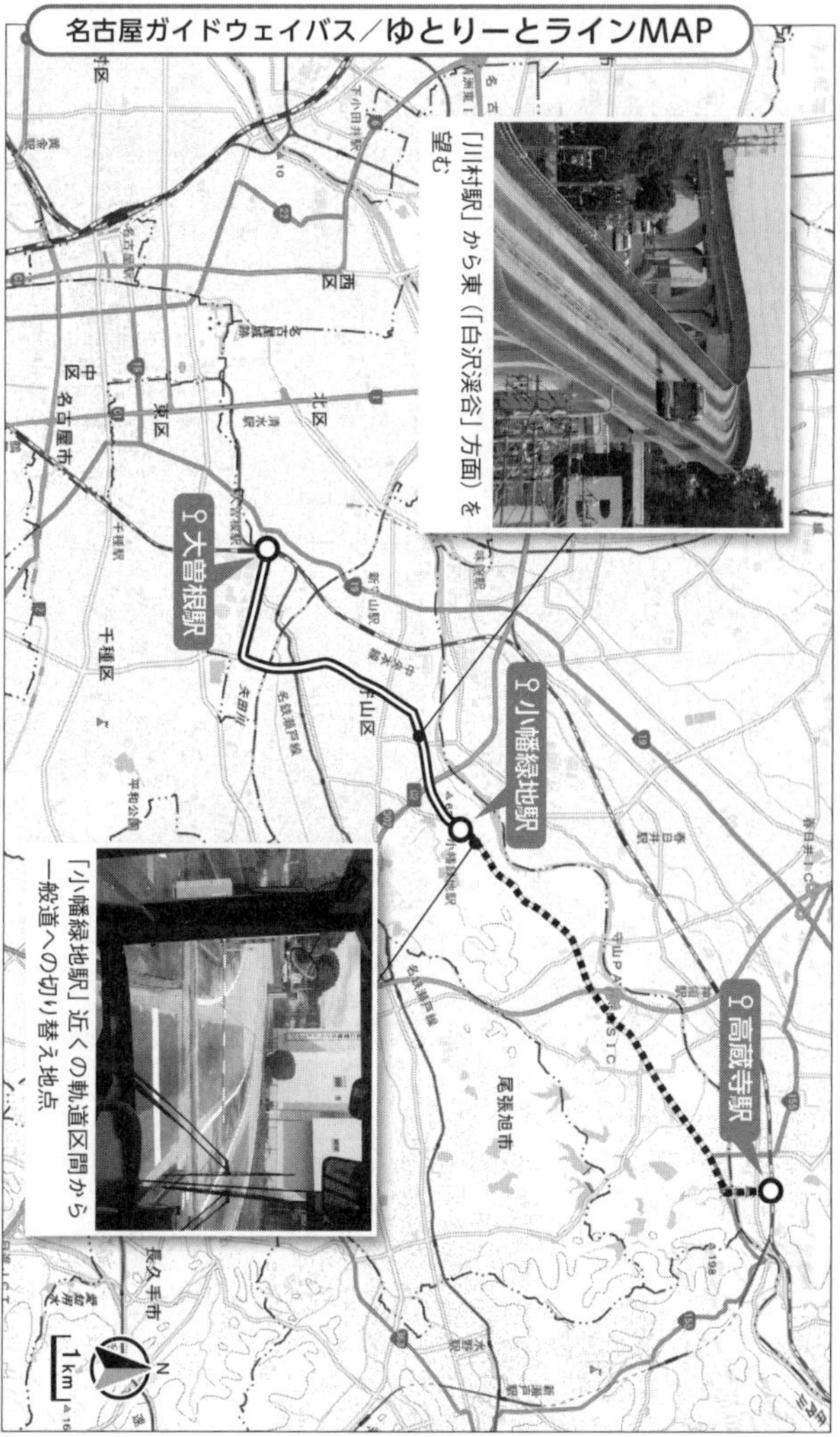
名古屋ガイドウェイバス／ゆとりーとラインMAP
「川村駅」から東（「白沢渓谷」方面）を望む
大曽根駅
小幡緑地駅
高蔵寺駅
「小幡緑地駅」近くの軌道区間から一般道への切り替え地点
西区
北区
東区
中区
名古屋市
千種区
守山区
尾張旭市
長久手市
1km

ダムの堰堤上を走る！

西武観光バス　三峯神社線

【埼玉県秩父市】

DATA
●開設年　２００１（平成13）年
●総距離（片道）　38・6km
●所要時間（片道）　1時間15分

イザナギノミコト、イザナミノミコトを主祭神とする秩父・三峯《みつみね》神社の由緒は古く、景《けい》行《こう》天皇の時代、ヤマトタケルノミコトが創建したといわれている。現在では、いわゆる「パワースポット」として注目を集め、世代問わず、多くの参詣客が集まる神社だ。特に、紅葉シーズンの土・日曜は非常に混雑している。

また、毎月1日のみ頒《はん》布《ぷ》を行っていた「白い氣《き》守《まもり》」と呼ばれるお守りの頒布に際しては、それが目当ての参拝客が増え続け、周辺道路の渋滞・混雑が深刻化。２０１８（平成30）年4月1日には、過去最長の約26キロもの渋滞が発生し、周辺の交通に大きな影響を及ぼした。事態を重く見た神社はお守りの頒布を休止し、現在も、再開の予定は立っていない。

それほどの人気を集める三峯神社へと向かうのが、西武観光バスが運行する三峯神社線。西武秩父駅からの急行路線であり、1時間以上の路線ながら、バス停は起終点含め計7つのみ。

需要のほとんどは三峯神社へ向かう参拝客なのだが、実は、この路線も先の「白い氣守」頒布の際には交通渋滞のあおりを受け、著しい遅延がたびたび発生していた。神社周辺の山間部は迂回路もなく、激しい渋滞が発生すると、車両や運転手の手配がどうしても困難になってしまうのだ。特に、頒布休止のきっかけとなった2018（平成30）年4月1日には、5便が欠車。始発便にいたっては、26キロ渋滞のあおりをモロに受け、なんと、7時間30分遅れ、三峯神社の約3キロ手前で運行を中断するという、前代未聞の事態となった。

両側にコンクリートの壁が迫るダム堰堤をバスが疾走！

西武秩父駅を発車したバスは、20分ほど国道140号を西に進む。次に停車する三峰口駅では、秩父鉄道からの乗り換え客を拾い、ここからは鉄道のない山間地域へ分け入ってゆく。

二瀬ダムは1961（昭和36）年に完成した

次の「大輪《おおわ》」バス停周辺は旅館や飲食店が点在する集落になっており、バス停からは国道沿いに三峯神社の「一ノ鳥居」が見える。ここからは、神社への表参道が山腹をたどって延びており、現在でも、山頂まで2時間程度のハイキングコースとして整備されている。

大輪は古くは門前町として栄え、1939（昭和14）年には、山頂へのロープウェイも開通。さらなる賑わいを見せたそうだが、施設の老朽化に伴い、2007（平成19）年にロープウェイが廃止されてからは、ここを訪れる人も少なくなってしまっている。なお、三峯神社線はかつて土・日曜・祝日のみの運行だったが、このロープウェイの廃止により、平日も運行されるようになった。

その先の「大滝温泉遊湯館」「三十槌《みそつち》」「秩父湖」までは国道140号沿いだ。秩父湖は荒川本流を堰《せ》き止める二瀬ダムによって形成されたダム湖で、堰堤《えんてい》の上部が県道278号の道路になっており、ここから対岸に渡れる。バスはダム上に向かってヘアピンカーブで高度を稼いでゆき、高さ95メートル、長さ288・5メートルの堰堤上へ。道幅も狭く、交互一方通行となっている。車窓には深い谷と、大きなダム湖が広がる。景色も含め、このダム上の県道が三峯神社線のハイライトだ。

ちなみに、ダムの手前には、国道マニアや土木マニアの間では有名な「駒ヶ滝トンネル」というものがあった。れっきとした国道のトンネルにも関わらず、幅も高さも非常に狭く、トンネル内では車がすれ違うことは不可能。両サイドの入り口に信号機が設置され、片側交互通行となっていた。さらには、トンネル内にY字の分岐があり、片方は二瀬ダムの堰堤方面へ、もう片方は秩父湖の北岸を通って雁坂トンネル方面へと分かれていたのだ。

しかし、2013（平成25）年にはトンネルのすぐそばに新道の秩父湖大橋が完成したため、トンネルは閉鎖。立ち入り禁止となっており、現在は、トンネル内分岐を拝むことは叶わない。

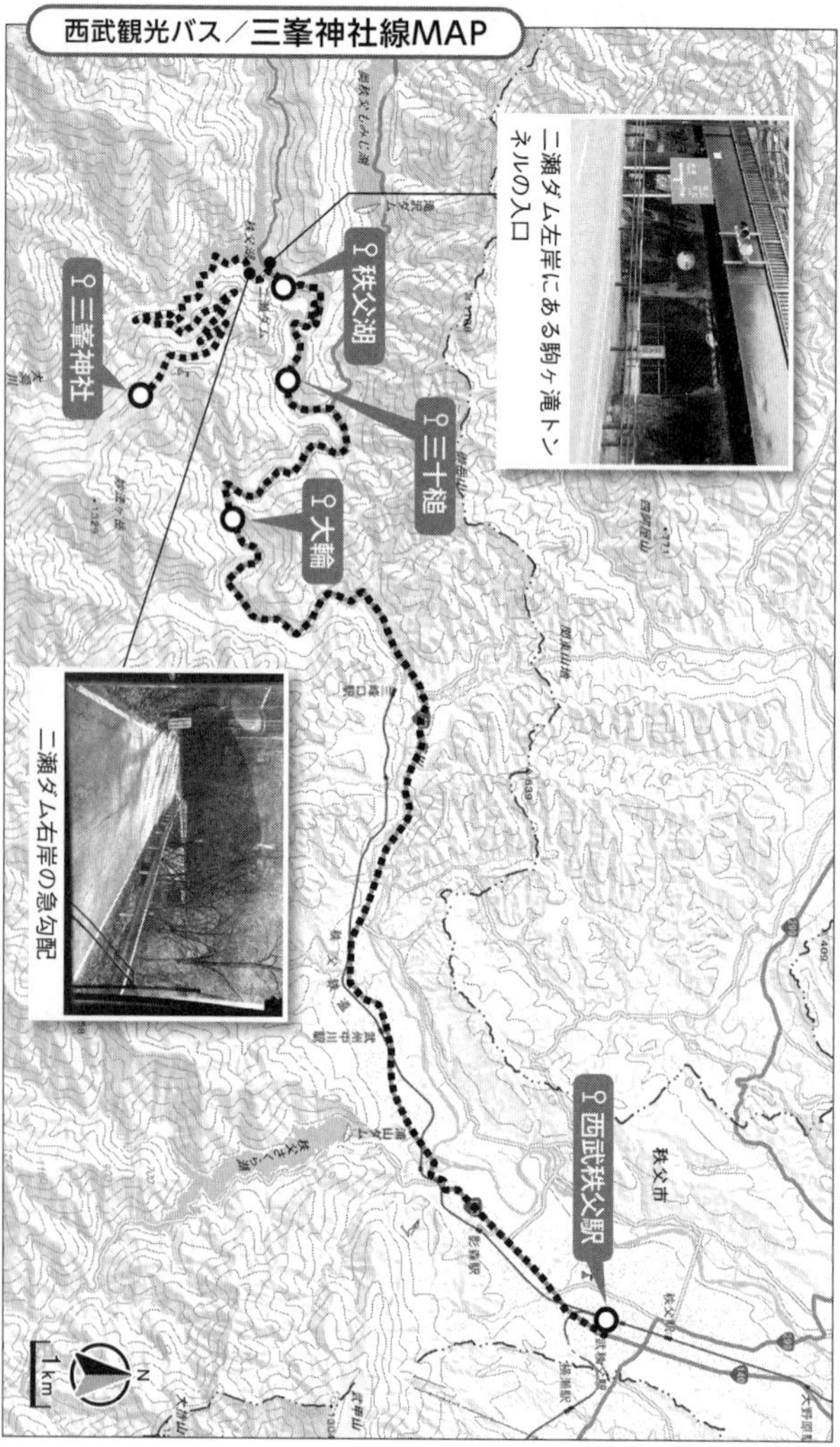
西武観光バス／三峯神社線MAP
三峯神社
秩父湖
三十槌
大輪
西武秩父駅
秩父市
二瀬ダム左岸にある駒ヶ滝トンネルの入口
二瀬ダム右岸の急勾配
1km
N

三峯神社への「バス参道」は困難だらけ

「秩父湖」から終点までの間にバス停はなく、ダムを渡ると、山頂の三峯神社へ向かって、本格的な山道が始まる。センターラインは消え、すぐにすれ違い困難な狭隘路に。ところどころに広く取られた待避所があるが、特に土・日は交通量が非常に多く、狭い道で何度も対向車が来ることになる。たびたび発生する渋滞も、この狭い山道に許容量を超える車が集まってしまうことで起こっている。

いくつものヘアピンカーブを抜け、見晴らしが良くなってくると、終点は目前。センターラインが復活し、比較的長い直線道路をしばらく進むと、広々とした三峯神社の駐車場が現れる。天候に恵まれれば、周りに広がる山々を見渡すことができ、かなり高い所まで来たのだと実感できる。

ここから三峯神社の本殿までは、歩いて15分ほど。参道には秩父の名物・わらじかつ丼などを提供する飲食店も。拝殿の手前には珍しい三ツ鳥居があったり、狛犬《こまいぬ》の代わりに狼の像が守護神として鎮座していたりと、見どころも満載。紅葉シーズンを外した平日なら、混雑もそれほどではないので、バスでの参拝はおすすめだ。

バスに乗ったまま巨大鳥居をくぐる

鹿沼市リーバス　古峰原線

【栃木県鹿沼市】

DATA
●開設年　1925（大正14）年
●総距離（片道）　30・2km
●所要時間（片道）　1時間5分

宇都宮市の西側に隣接する鹿沼《かぬま》市は、JR日光線鹿沼駅を拠点に市内各地を結ぶ市民バス、通称「リーバス」を運営している。運行は民間に委託しており、関東自動車と平和タクシーが請け負っている。現在は、通常のリーバス12路線と4路線で運行する「予約バス」があり、そのうちの一つが古峰原《こぶがはら》線だ。JR鹿沼駅から出発し、日光市との市境近くにある古峯《ふるみね》神社までを約1時間でつないでいる。運行受託は関東自動車の鹿沼営業所だ。

バスに乗ったまま巨大鳥居をくぐる

バスは、平日と土曜は9往復、日曜・祝日は8往復の運行。鹿沼駅を出発してしばらくは市街地を回り、市役所の近くや病院、高校などに停まってゆく。郊外へ向かうのは「東

古峯神社・一の大鳥居をくぐる1988（昭和63）年2月製造のレトロ車両

武新鹿沼駅」を過ぎてからで、麻苧《あさう》町の交差点を左折、県道14号に入って北西に進んでゆく。

大芦川から先の「下沢大関橋」バス停からは自由乗降区間。住宅もまばらになり、見渡せば田畑が延々と広がり、その向こうにはなだらかな山、という風景が続く。道も平坦で広さがあり、原風景の中をゆったりと走るバス旅、といった趣だ。

「一の鳥居」というバス停を過ぎて左にカーブし、大芦川を渡ると、そのバス停名のとおり、突如、目の前に巨大な鳥居が現れる。県道をまたいで建っており、バスはこの鳥居をくぐってその先へ。神社からまだ約6キロ離れているが、これが古峯神社の一の大鳥居だ。高さは約24・6メートル、笠木の長さは約34・2

メートル。初代の一の大鳥居は１７９７（寛政９）年の建立とされており、現在建っているものはそこから数えて４代目。大鳥居の脇には記念碑もある。バスに乗車したまま巨大な鳥居をくぐるというのは、非常に珍しい。

マイルドな秘境路線の終点の先は――

ここから先は山間に分け入り、これまでずっと並走して来た大芦川を横に見ながら、登坂路をゆく。カーブ自体は多いが曲線は緩やかで、道幅も比較的広めに取られている。見晴らしのいい山岳路線を存分に楽しめるだろう。

古峯神社の参道のすぐ近くに、終点「古峯神社」の転回場があり、そばには小さな木製の待合室がぽつんと建っている。県道を挟んで目の前には、土産店と食事処を兼ねた朝日屋があり、神社はそこから歩いてすぐだ。

なお、終点からさらに先に４キロほど山道を進むと、古峰ヶ原《こぶがはら》高原。そこまでの道のりは、ヘアピンカーブが連続する悪路となる。リーバスが古峰ヶ原高原までを結んでいれば、さらにとんでもない「秘境路線バス」が生まれていたに違いない。

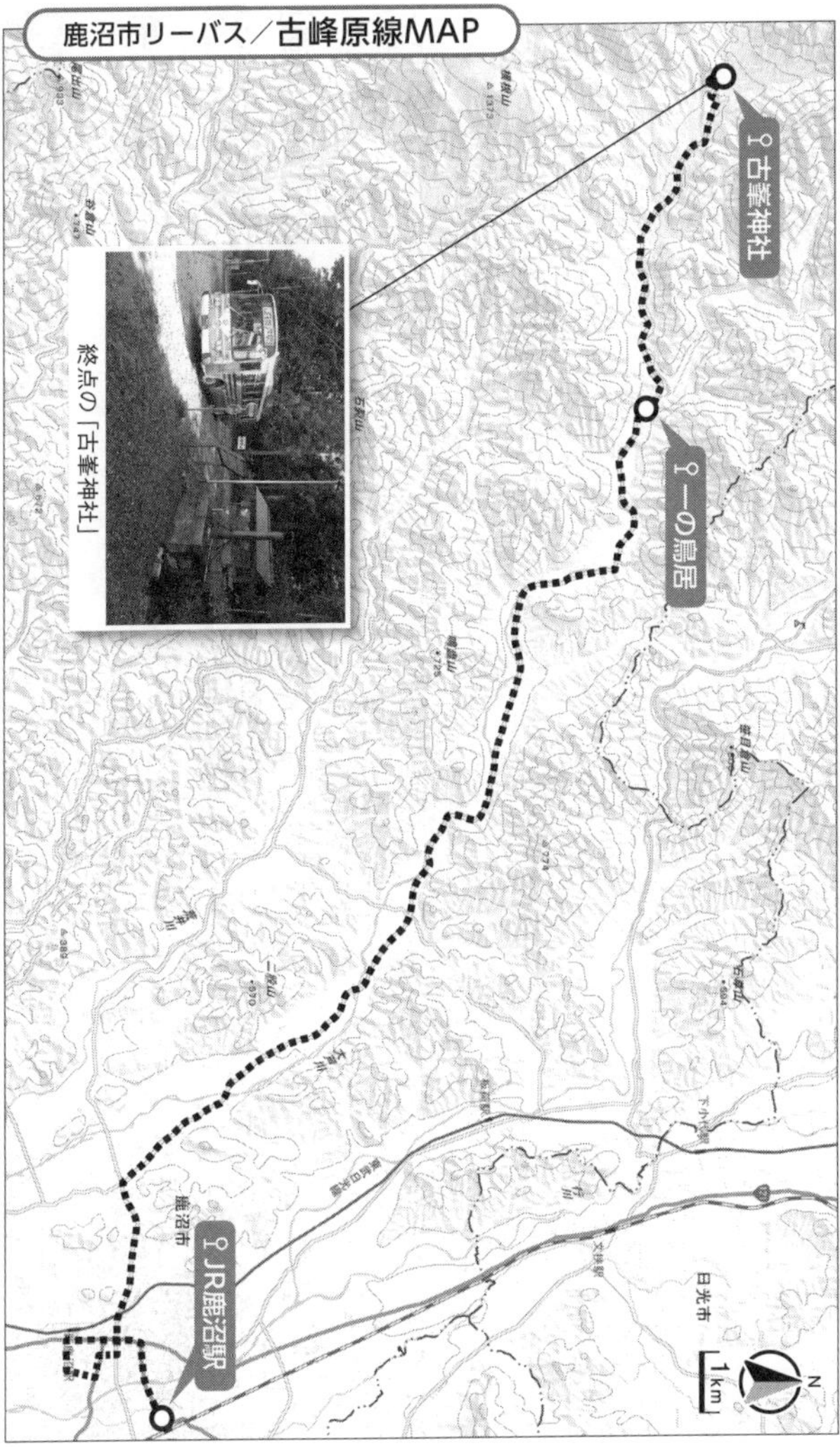
鹿沼市リーバス／古峰原線MAP
古峰神社
一の鳥居
JR鹿沼駅
終点の「古峰神社」
鹿沼市
日光市
1km
N

年15日の参拝可能日のみ運行した
西日本鉄道　呑山観音臨時バス
［福岡県篠栗町］

DATA
●開設年　2003（平成15）年
※2020（令和2）年より運休中
●総距離（片道）　8・8㎞
●所要時間（片道）　20分

呑山観音寺《のみやまかんのん》は、地元では「のみやまさん」の愛称で親しまれる高野山真言宗別格本山だ。境内や参道が紅葉の名所としても知られるこの寺には、年間100万人以上が訪れるというのだが、意外にも、呑山観音寺に向かう公共交通機関はない。

ただし、毎月第3日曜の月例祭「観音祭」と各季節に催される「四季の大祭」のときだけ、かつては臨時の参拝バスが運行されていた。その運行日数は、1年でたった15日程度。1日の便数も2020（令和2）年で、片道5便ずつ。日数も便数もほとんどなく、乗りたくてもそのチャンスは極めて限られていた、〝超激レア路線〟として、一部のバスマニアの間では知られていた。

山寺へ向かう激レア路線はヘアピンの連続

バスが停車するのは、始点の「篠栗《ささぐり》駅前」と終点「呑山観音寺」以外は「篠栗上町」のみ。運行日、運行本数も少なければ、乗車できるバス停も少ない。

運行距離は9キロ弱、乗車時間も20分程度と短い路線なのだが、その道中はなかなかの険しさだ。というのも、呑山観音寺は篠栗八十八カ所の中で最も高い標高約450メートルに位置し、「八十八カ所遍路の関所」といわれてきた。

バスが走る県道92号は、篠栗上町を過ぎ、国道201号と交差するまでは穏やかな道が続いているが、その後は急勾配なうえ、ヘアピンカーブが連続するつづら折りの山道となる。龍泉堂、妙音寺、雲邊寺と、寺院が集まったエリアがクライマックス。ヘアピンカーブの密集地帯だ。

福岡都市圏では、急勾配を走るバス路線はほぼない。エンジンの唸り音が車内に轟くのも、この臨時バスならではの醍醐味のひとつといえる。

やがて、篠栗小学校萩尾分校近辺になると、車窓の景色は民家も点在する田園風景となる。篠栗小分校の周辺で標高は約300メートルだ。民家はあってもバス停はないので、集落はスルー。そもそも、臨時運行のバスなので、バス停を置く意味はないだろう。

県道92号を走り続けていると「呑山観音寺」の看板が現れ、右折。ちなみに、右折せず県道を直進すると、三方向に道が分かれる猫峠にぶつかる。峠名は、「嶺（みね）」「処（ここ）」が変化して「ねこ」となり、「猫」は当て字なのだとか。そんな可愛らしい名前の峠には向かわず、バスは大きな駐車場の一角に置かれた終点「呑山観音寺」バス停の前に停車する。訪問客は基本的に自家用車でアクセスするしかないので、大型駐車場が用意されているのだ。

季節によっては、バス乗車時点との気温差を実感することもあるほど。山地の麓に広がる篠栗町から一気に上がって来ているので、秋や冬場は服装に注意が必要だった。その代わり、紅葉シーズンには、バス停に降りたときから、木々の美しい色づきを楽しめた。

30年以上続いた歴史に突然の終止符が打たれる

1年の限られたタイミングのみ出現する参拝用臨時バスだったが、２０２０（令和2）年9月20日の運行をもって廃止となってしまった。会員制貸し切りバスとして運行してい

山岳路線らしい風景が続く

た時代から合わせて、30年以上の歴史に終止符が打たれたのである。

実は、２０２０（令和２）年は３月まで通常運行されていたが、４月以降は運休が続いていた。９月の廃止決定が新型コロナウイルス感染症拡大のためなのか、もともと利用者が少なく存在意義が問われていたのか。廃止の背景を推察するのは難しい。全国的に課題となっている乗務員不足も影響している可能性もありうるだろう。

２０２２（令和４）年６月現在、呑山観音寺のホームページには、運行終了のお知らせとともに、代替便を運行する予定があることが記されているが、具体的な期日までは未定のようだ。

セメント工場のど真ん中を抜ける

臼津交通　津久見駅〜楠屋線

【大分県津久見市】

DATA

●開設年　1990（平成2）年
●総距離（片道）　11・9km
●所要時間（片道）　30分

臼津交通は1990（平成2）年に設立された乗合・貸切バス事業者で、大分バスが100％出資している子会社だ。その名のとおり、臼杵《うすき》市と津久見市を主な運行エリアとしている。主なバスターミナルは、臼杵エリアの路線は臼杵駅とその近くの辻、津久見エリアの路線はすべて津久見駅となっている。

この路線は津久見駅から長目《ながめ》半島の先端付近にある楠屋《くすや》までを結ぶ。半島は入り組んだリアス式海岸で、海岸付近まで山が迫り、交通の難所として知られていた。長らく津久見側は楠屋、臼杵側は泊ヶ内《とまりがうち》から先が未通となっており、台風などで道路が不通になると、泊ヶ内半島の集落は陸の孤島となってしまうことがあった。そのため、工事が進められ、泊ヶ内から楠屋をつなぐ道路が2013（平成25）年に開通。それまで楠屋は行き止まりの先端だったのだ。

対して、起点の津久見の市街地周辺は「セメントの町」として知られている。津久見市は国内でも有数の石灰石産地であり、年間約２５００万トンもの生産量を誇る。採掘現場は湾岸部に近く、工場までベルトコンベアで運ばれている。このため、津久見湾一帯はセメント工場や関連施設群が集まり、積み出し用の船が着岸する岸壁を備えたセメント工業地帯となっているのだ。なんと、「セメント町」という町名まで実際にあるほどだ。

工場の真ん中を突っ切り巨大パイプをくぐる

バスは津久見駅前から出発し、工場の巨大なタンクや港湾の船舶群など、セメントの町らしい景色を見ながら、国道２１７号を西進。「セメント町」バス停を過ぎ、県道に入ると、さっそくこの路線のハイライトだ。先ほどまでは湾の対岸に見えていたセメント工場群のど真ん中を道が走っており、両側にはずらりとセメントの焼成や仕上げなどを行っている工場の関連施設が並ぶ。手を伸ばせば触れられそうなほど近く、工場好きでなくとも大興奮の光景だ。

さらには、頭上に架けられた巨大なパイプラインをバスがくぐる場面もある。「高さ制限4・7m」と注意書きがあり、その下を通り抜ける迫力は前面展望のできるバスならではだ。パイプの先は巨大なタワーにつながっており、こちらもすぐ近くから、その威容を見ることができる。

少し進むと、太平洋セメントの工場事務所が見えてくる。ここまで見てきたのは、同社大分工場の構造物たちだ。大分工場は同社の主力工場の一つで、生産量の約半分がアジア、ヨーロッパ、アフリカなど、全世界に輸出されている。

リアス式海岸の入り組んだ路線へと変貌

工場地帯を抜けると、今度はリアス式海岸の各地に点在する集落を回りながら、半島の先端方面へと向かってゆく。かつて海岸沿いを迂回していた道はトンネルの整備によって旧道となり、新道は比較的しっかり整備されて走りやすい。しかし、「浦代《うらしろ》」〜「長目入口」だけは新道から外れて、バス1台がやっとの狭い旧道へ分け入ってゆく。集落が新道から離れているため、住民の需要に応えてのことだろう。

その先の「釜戸《かまど》」からは整備された道も終わり、一気に幅員が狭くなる。右手にはすぐ

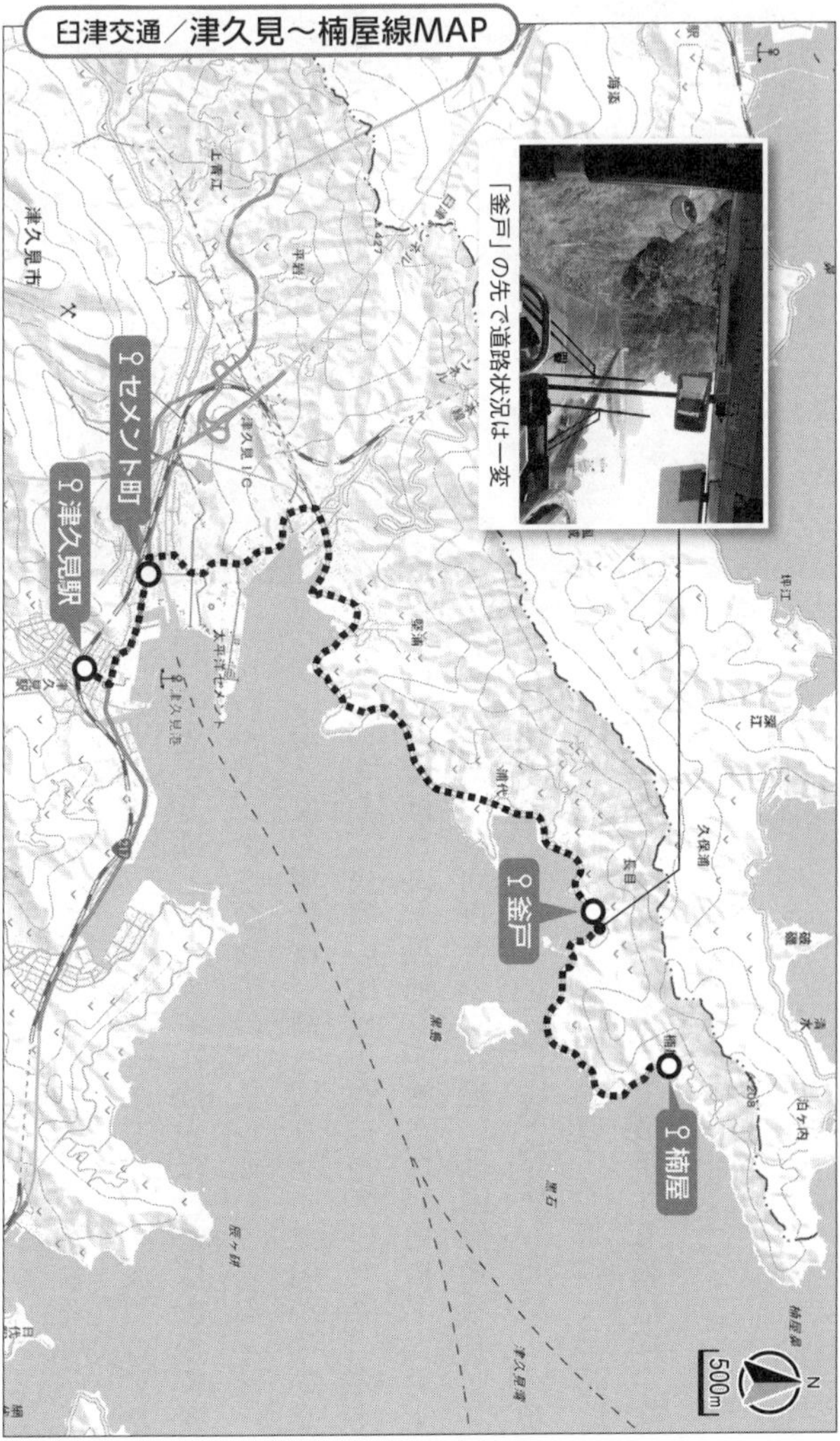
臼津交通／津久見〜楠屋線MAP
セメント町
津久見駅
釜戸
楠屋
「釜戸」の先で道路状況は一変
500m
N

比喩ではなくリアルに工場のど真ん中を突っ切る

目の前に海が迫り、漁船が点々とつながれている。あまりにも海が近く、高い波でも来たらバスが潮をザブンとかぶってしまうのではないかと思えるほどだ。車窓には先ほどとはうって変わって、小さな漁港の風景が続いている。

海と反対側には、高く切り立った崖がそびえていたり、民家の生け垣が迫っていたり。カーブではほとんど見通しがきかないため、ミラー頼りだ。対向車とのすれ違いは困難だろう。

終点の「楠屋」では漁港の広いスペースを使って転回。「楠屋」を発着する便は一日に3本しかないため、下車して散策するのはなかなかハードルが高い。

便ごとに車両のタイプは運次第

倉橋地区生活バス
大迫線　鹿島線　大向線

【広島県呉市】

DATA

●開設年　不明
●総距離（片道）　12・3㎞（大迫線）
10・2㎞（鹿島線）
10・2㎞（大向線）
●所要時間（片道）　28分（大迫線）
20分（鹿島線）
21分（大向線）

広島県呉市の南、瀬戸内海に浮かぶ倉橋島は、海峡の「音戸の瀬戸」に架かる音戸大橋を渡って呉市街から陸路で行ける島である。古くは「長門島」と呼ばれた造船の島で、奈良時代は遣《けん》新羅《しらぎ》使《し》船、18世紀には朝鮮通信使船、江戸期には北前船も寄港するなど海運の要衝でもあり、これらのゆかりの地である集落を結ぶように、倉橋地区生活バスが島の南部を運行している。

造船所の眺めに島のかつての繁栄を垣間見る

島の南岸の中ほどに位置する「桂浜・温泉館」までは、広電バス呉倉橋島線がＪＲ呉駅から運行しており、倉橋地区生活バスはここをターミナルとして路線を延ばしている。島の東寄りの「大迫《おおさこ》」を結ぶ大迫線は、室尾までは南岸の海岸線を走る。間近に浮かぶ笹子《ささこ》島《じま》越しに横島、沖合には情島に津和地《つわじ》島、怒和《ぬわ》島、愛媛県忽那《くつな》諸島も遠望できるなど、景色の変化が目まぐるしい。車窓に古い造船所を見て「尾立」に到着、かつて地頭の役所があった島の中心地で、沿道には瓦屋根の重厚な民家が目立つ。

室尾小島を過ぎた先には、ライトグリーンのクレーンを備えたドックが迫ってくる。室尾は倉橋町の中で最も人口が多く、造船のほか港町、商業地として栄えた地区。沿道には商店や飲食店も見られ、ちょっとした繁華街になっている。

室尾からは島の狭部を越え、県道286号へ出ると、しばらくは漁港の沿岸を走ってゆく。湾越しにそびえる岩山は、倉橋島のシンボルでもある火山《ひやま》。花崗岩の石切り場があり、切り出された石材は国会議事堂の建設にも使われたという。南岸と比べて海が静かで、大迫海岸越しの湾一面に、倉橋島が特産のカキ筏《いかだ》が浮かぶ風景がしばらく続く。

バスが「大迫」方面へ入るやや手前、碑が立つ小さな岬のそばには、戦時中に設けられた、特殊潜航艇の大浦突撃隊大迫支隊跡地がある。浜には、訓練施設だったらしい桟橋の残骸も見られる。終点の「大迫」は古代には番所が置かれた歴史があり、バス停付近には

大迫線の「倉井」～「大迫」間

大きな民家が集まった、終着らしい集落の規模がある。

斜面に広がる段々畑が離島のバスの終点に待つ

島の南側、鹿島の「宮ノ口」を結ぶ鹿島線は、室尾からさらに先の倉橋島の南端へと向かう路線。室尾には、集落の入り口のほか東側にも造船所があり、車窓から船渠《せんきょ》を見下ろせる。「海越《かいごし》」は浅瀬の海を渡って人がやって来たことが、集落名の由来とも。

鹿島大橋のトラス橋を見ながら、左右に海が迫り陸地が次第に狭まると、「堀切橋」を過ぎた所で、長さ30メートルほどの水路を渡って先

鹿老渡の集落を抜けてゆく鹿島線のバス

にある「陸繋島《りくけいとう》」へ。比較的大きな集落の鹿老《かろう》渡《と》は、古くから瀬戸内海の交通の要衝だった港で、朝鮮通信使が寄港したため「韓停（からどまり）」が転じて地名になったとの説がある。江戸期には、西廻り航路を行く北前船の風待ち港として栄え、海鼠《なまこ》壁《かべ》の宮林家は江戸時代に木材を扱った築３００年の商家だ。

　鹿老渡を出て、長さ３４０メートルの鹿島大橋に向けて上る道中では、津和地島や怒和島からさらに先の瀬戸内海も広がり、この路線随一の多島美を展望するスポットだ。鹿島大橋を渡り県道を下った所の瀬戸は、鹿島にある三つの集落の最北にあたる。バスは漁港に隣接した「瀬戸口」に停車後、鹿島大橋を見上げながら来た道を折り返して行く。

再び鹿島の西岸を行く県道を走り、中ほどの集落の最寄りの「家之元」を過ぎると、鹿島の南端の集落の宮ノ口へと入る。中ほどに設けられた「宮ノ口」が終点で、漁港に面した防潮堤の前に停留所が立つ。バスは到着後にさらに直進して、明神社がある小山の麓にある県道の行き止まりで停車。島の最奥でしばし休憩したのち、転回してバス停まで戻ってくる。バス停から県道の裏側の小道には漁師町らしい古民家が密集しており、さらに奥には斜面に石組みが高く築き上げられた、段々畑の景観も見られる。

一方、大向《おおこう》線は島の南部から西部の海岸線を走り、重生《しぎょう》までを結んでいる。バスはカキ筏を望みながら浜沿いを走った後、壱岐・対馬まで出漁していた漁港の集落「尾曽郷《おそごう》」、機帆船を多数所有して海運が盛んだった「須川」、西から水軍が渡って来たことが名の由来の「西宇土」など、海にゆかりのある集落を経由して行く。須の浦には、リゾート風の宿泊施設「海のＡＪＩＴＯ須ノ浦ストーンフィールド」があり、浜越しには釣り場として知られる鍋島が浮かぶ。

大向は沿線で一番大きな集落で、島で産出する花崗岩《かこうがん》の石垣に造られた町並みが、斜面に広がっている。カーブとアップダウンが激しい島の西岸の道を北上して、終点の重生へと到着。この先、さらに海岸線の集落を結ぶ、長谷線も運行している。

年1回運行なのに「路線バス」の理由

箱根登山バス　大観山線

［神奈川県箱根町〜湯河原町］

箱根登山バス　小田原駅発ターンパイク経由箱根町行き

［神奈川県小田原市〜箱根町］

　神奈川県の有名温泉地といえば箱根や湯河原だ。多くの観光客が訪れるが、その際の足となったり、また地域の人を運んで走ったりしているのが箱根登山バスだ。特に、芦ノ湖畔までは鉄道が通っていないため、移動する際にはバスを利用すると便利だ。

　JR東海道本線が通っている湯河原から箱根を結ぶバスは、以前は1日に4往復で運行していた湯01系統の大観山《たいかんざん》線があった。湯河原駅前を出発し、県道75号に乗って湯河原の町の中を走った後、奥湯河原へ向かう。奥湯河原からはさらにバスは山道を進み、途中、「しとどのいわや」というバス停を通る。ここで下車すると、2022（令和4）年の

ＮＨＫ大河ドラマ『鎌倉殿の13人』でもエピソードとして描かれた、源頼朝が戦に敗れ、身を隠したとされる洞窟を見学できる。そこから、展望台などがあり、観光地となっている大観山を経由して箱根町へ入り、元箱根港まで行くという路線だった。しかし、この路線は２０２０（令和２）年３月31日で、通年運行が廃止されてしまったのだ。

通年運行から年1回だけの運行へ

湯01系統の湯河原駅～大観山～元箱根港の路線は、通年運行は廃止となったものの、毎年１月２日のみ運行予定とする、季節運行へと切り替えられた。箱根登山バスにおける運転手不足が大きな理由で、利用者の少ない路線から廃止・変更が決まっていったのである。

では、なぜ１月２日だけ運行を行うのだろうか。路線バスの運行には、国土交通省が出す免許が必要となる。一度路線を廃止してしまうと免許は失われ、路線を再開するためには改めて国土交通省の許可を取得する手続きが必要となる。一から手続きをやり直すというのはなかなか大変なことなので、将来、再び利用者の増加がありそうな路線や、迂回路や臨時使用として活用できそうな路線は、免許維持を目的として、時折、運行を行うのだ。

こうした路線は俗に「免許維持路線」と呼ばれ、全国にいくつか見られる。それでも、多くは週に1便など、もっと高い頻度で走らせる路線が多いのだが、箱根登山バスでは年に1回だけとしており、そのため非常にレアな路線となってしまったのだった。

年に1回運行の路線をついに活用？

実は、箱根登山バスにはもう一つ、年に1回のレア路線としてバスファンの間では非常に有名な免許維持路線が存在していた。「小田原駅発ターンパイク経由箱根町行き」の臨時バスだ。

小田原駅発箱根町行きの路線バスは、毎日運行している。しかし、その中に箱根ターンパイク（ネーミングライツにより現在は「アネスト岩田　ターンパイク箱根」が正式名称）を経由する便はない。かつては、箱根ターンパイクを通る系統があったのだが、30年以上前に廃止となってしまったのだ。そして、箱根ターンパイクを通る路線の免許維持のために運行され続けていたのが、この臨時バスなのである。

「小田原駅発箱根ターンパイク経由箱根町行き」は、毎年11月3日に、片道1便のみが運行されていた。なぜこの日が年に一度の運行日だったのかというと、毎年11月3日は箱根湯本駅

湯01系統のバス停「城山入口」。時刻表部分には廃止と年1回運行の貼り紙

周辺で「箱根大名行列」という一大イベントが開催されるためだ。ターンパイク経由の臨時バスを運行することで、渋滞回避を目的としていたのだ。

だが、この年に1回の運行もここ数年は行われていないようだ。代わりに、２０２１（令和３）年11月14日から1年間、同ルートで座席定員制で運行する「芦ノ湖ライナー」の実証実験が行われている。小田原駅発と箱根湯本駅発の２便があるが、小田原駅発は年１回の臨時バスと同様の、箱根ターンパイクを経由して元箱根港まで行くルートとなっているのだ。

もしかしたら、近いうちに箱根ターンパイクを利用した定期路線が復活することも期待できるかもしれない。

箱根登山バス／大観山線・小田原駅発ターンパイク経由箱根町行きMAP

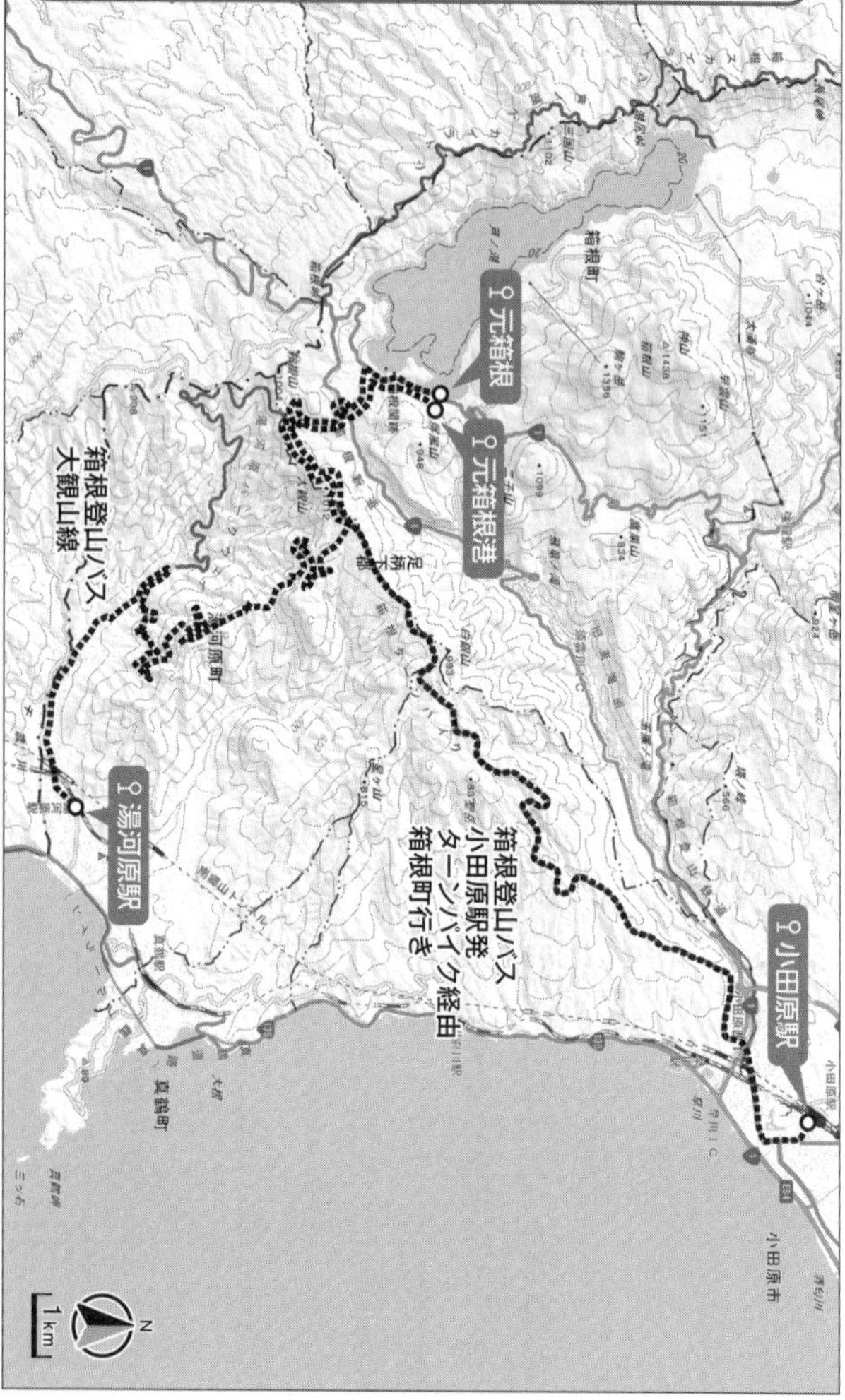

アーケード内をバスが走る⁉
四国交通　阿波池田バスターミナル発
［徳島県三好市］

ＪＲ土讃《どさん》線の阿波池田駅すぐそばにある、阿波池田バスターミナル。漆川《しっかわ》線（86ページ参照）、祖谷《いや》線（124ページ参照）といった、インパクト抜群の秘境バス路線を有する四国交通の、ほとんどの路線バスの発着拠点となっている。ちなみに、拠点といっても、本社はここから3キロほど離れた位置にある。鉄道や高速バス、各路線間の乗り継ぎ上の利便性からのこと。四国交通のバスターミナルと本社間をつなぐ「本社線」なる短距離路線も運行している。

バスターミナル自体は何の変哲もないものだが、ここからバスに乗ってみれば、すぐに珍しい光景に出会うことになる。発車したバスは阿波池田駅前方面に向かい、右折。そこは「駅前通り」と名づけられたアーケード商店街で、バスはそのアーケードの下をぐいぐい進んでゆくのだ。

シチュエーションはレアだが撮影チャンスは多い

通りの区間は250メートルほど。平日は人通りもそこまで多くないとはいえ、それでもアーケードの下をバス車両が通る光景はかなり珍しいだろう。商店街の終点は大通りと細い路地が交わる五差路になっており、バスは目的地に合わせて右か左に折れてゆく。

さらに特筆すべきなのは、四国交通のバス路線のほとんどはアーケード内に設置された「阿波池田駅前」バス停を経由すること。つまり、数多くの路線がアーケードの下をくぐり抜けてゆくのだ。その数は実に10系統。ピーク時など時間帯によっては、数分に1本のペースでバスが通っていくのを見られるだろう。

逆に、アーケードを通らないのは、先ほど挙げた本社線、そしてバスターミナルを起点としていない祖谷線の大歩危峡《おおぼけ》～かずら橋夢舞台、そして神戸・大阪への高速バスのみとなっている。

さびれた商店街から地域の文化拠点へ変貌

阿波池田駅前商店街の通りはアーケードになってはいるが、県道161号の一部でもあり、車両の通行が不可となっているわけではない。商店街の終点が交わっているのは東西に走る県道5号で、吉野川沿いに東に行くにも、南下して祖谷方面に行くにも、駅前から出発すればまずはこの道を通ることになる。

駅前商店街には、スナックや居酒屋、喫茶店といった飲食店のほか、2019（令和元）年に移転オープンした三好市中央図書館、ホテルや旅館といった宿泊施設も揃っている。

なお、アーケードの下を通るのは四国交通のバスだけではない。その一つが、2013（平成25）年に運行開始した神戸市灘区の路線バス「まやビューライン坂バス」だ。アーケード区間は「灘中央筋商店街」バス停付近の短い区間。小型車両が、商店すれすれの距離を通ってゆく。

風来堂（ふうらいどう）
編集プロダクション。国内外の旅行・観光情報をはじめ、歴史、サブカルチャーなど、幅広いジャンル＆テーマの本やWeb記事を制作。バスや鉄道、航空機など、交通関連のライター・編集者とのつながりも深い。『鉄道廃止転換バスをゆく』『サイハテ交通をゆく』『秘境路線バスをゆく1〜8』（イカロス出版）、『全国高速バスの不思議と謎』『全国ローカル路線バス』（実業之日本社）、『四大空港＆ローカル空港の謎』（イースト・プレス）など。

交通新聞社新書162
ニッポン秘境路線バスの旅
驚きの酷道ルート＆ご当地ルールの不思議
（定価はカバーに表示してあります）

2022年7月19日　第1刷発行

著　者――風来堂
発行人――伊藤嘉道
発行所――株式会社　交通新聞社
https://www.kotsu.co.jp/
〒101-0062　東京都千代田区神田駿河台2-3-11
電話　(03) 6831-6550（編集）
(03) 6831-6622（販売）

カバーデザイン―アルビレオ
印刷・製本―大日本印刷株式会社

ISBN978-4-330-01622-1